石井直方、柏口新二、高西文利／著

國立臺灣大學外國語文學系兼任講師 **王啟安**／審訂　劉格安／譯

強化肌力

筋力強化の教科書

訓練全書

東大肌力學教授、
骨科醫師及福岡軟銀鷹教練，
寫給訓練者的科學化鍛鍊指南

STRENGTH
TRAINING

BASIS AND FRONTIERS

目 次

第**1**章　肌肉是什麼？

第**2**章　認識肌肉 & 肌力訓練

第**3**章　肌力訓練的實踐

重要訓練項目的理論 & 實踐

第4章　如何提高肌力訓練的效果？

把基礎做到極致，才是肌力訓練的原理

　　我決定以「肌力訓練效果的原理」作為研究主題，是 1990 年的事。目標有二：一是探究肌肥大的原理，並進一步開發出更有效的訓練方法；二是以科學來闡明肌力訓練對健康有益。

　　轉眼 30 年過去，如今下至兒童上至高齡者，許多人都視肌力訓練為理所當然。各式各樣的新肌力訓練法受到提倡，也透過網路等管道迅速廣為流傳，可說是 30 年前幾乎無法想像的、值得欣慰的變化。

　　另一方面不能否認的是，肌力訓練的基礎受到輕忽，而一味強調新內容卻全然否定以往的方法，或「只要……即可」的這種極端方法論，則有過度受到吹捧的趨勢。不過經過我們從分子水平調查肌力訓練的效果，逐漸得知以經驗為基礎的「基本處方」，才是極其「確切」的。「慢速訓練」也是根據基本的方法所設計出來。

　　此外，本書中的重點題材「深蹲」，可說是肌力訓練項目中的基本。雖然是單純的「蹲下再站起來」的動作，但從半蹲狀態移動到站立狀態的過程中，膝蓋與髖關節的位置所描繪出的型態，有無數種組合。「哪個型態最好」因狀況而異。唯有懂得因應每種狀況決定最佳型態，才能算是「學會基礎」。

　　本書並非單純的「肌力訓練教科書」，而是一本由研究家、臨床醫師與教練，分別從不同的立場談論「肌力訓練基礎」的重要性與有用性的書籍。作者之一的柏口是骨科醫師，40 年來持續將肌力訓練應用在臨床上。高西身為教練，學生從頂尖運動選手到高齡者都有，並留下值得大書特書的指導實績。兩者所用的手技與手法絕不特殊，都是以基礎的肌力訓

練為主。**把基礎做到極致，才會發展出高度的專門性。**

　　本書的架構如下：第一章是以對話形式，回答與日常生活有關的肌肉疑問。第二章解說肌肉的運作與肌力訓練的基礎理論。第三章為實踐篇，詳細解說健力三項與俯身划船等基本項目，這一章當然包含初階者在內，希望連想要晉升中、高階的讀者也能閱讀。第四章解說伸展運動、飲食、健身護具等主題。第五章再次以對話形式，從治療或預防的觀點來探討肌力訓練。最後會介紹 50 多種基本訓練項目與注意事項。第一章與第五章主要由柏口執筆，第二至四章與附錄主要由高西執筆，第二章第三節的執筆與全書的編輯調整則由我本人負責。

　　若能讓諸位讀者了解肌力訓練基礎的重要性，還有其背後的深度與難度，將是筆者的榮幸。

石井直方

「肌力訓練」在運動器官治療中的角色

　　在我以骨科醫師身分開始工作的 1983 年，有個在醫院讀書會發表自由主題的機會。我發表了 30 分鐘的演講，主題是「深蹲時雙腳間距、蹲法、體型所造成的重心移動差異」。儘管身為菜鳥醫師，但我學生時期便在中尾達文老師的指導下，練習了 5 年左右的健力。現在想想，我竟然敢當著一群前輩與權威的面，大言不慚地發表演講，實在是厚顏無恥。儘管我的表現拙劣，但大家還是側耳傾聽。當年眾人對深蹲知之甚少，也無法使用影片做簡報，因此我用圖畫與實際的演技進行示範。多數提問都是有關腰痛或膝蓋痛等骨科疾病的問題，唯有井形高明教授與岩瀨毅信醫師，提出與運動動作相關的問題。

　　其後，對此有興趣的各地醫師，給予我前往研究會或讀書會演講的機會，發表有關深蹲的主題。我說深蹲動作的關鍵點在於「蹲下時膝蓋不能超過腳尖」、「初階者要從髖關節開始蹲」、「在槓鈴下方折起身體，並保持重心不偏移」等等。這些如今已成為理所當然的常識，但當時大家聽完仍然難以理解。

　　對於在醫者修行期間被視為常識的患者衛教，我不時心生疑問。比方說：「在游泳池內走路可以抑制退化性髖關節炎的惡化」、「抬腿或腿部伸屈有助於退化性膝關節炎的預防或治療」，或是「如果腰痛，請做臥推而不要做深蹲」等等。如今衛教內容雖然不同於以往，但當時卻是無法動搖的常識。本書中也有提及相關內容，還請逕行參考。

　　現在即使是未經科學充分驗證的片面資訊，也能透過社群網路等管道發表，真假難辨的資訊十分氾濫。出於對此現狀的憂心，並希望能指引

肌力訓練的正道而非旁門左道，我與石井教授、高西教練決定共同完成本書，但願能對各位的每日訓練或診療派上用場。

柏口新二

從「現場指導」的立場來談肌力訓練

我從 1988 年起，就在長崎市經營專門指導肌力訓練的 MARUYA 健身房，並身兼福岡軟銀鷹隊的訓練顧問（2010 年迄今），擔任隊員的體適能教練（指導肌力訓練）。

處於發育階段的中小學生，是為了「促進成長發育」而訓練，高齡者則是為了「預防老化、返老還童」而訓練。這些訓練法與運動員或一般人所做的訓練有明顯的差異。本書會介紹基本項目並提出具體的解說，以打造出符合各類實踐者的正確姿勢。

此外，本書的特徵就是由研究家（石井醫師）、醫學者（柏口醫師）以及現場指導者（我）的三種立場所構成。身為現場的指導者，我認為即使從「安全」與「效果」的雙重面向來看，恐怕也沒有比這更完整的了。

再者，肌力訓練唯有持之以恆才能獲得成果。我自己持續做肌力訓練 46 年了，能夠堅持至今的理由，無非就是我成功在肌力訓練中發現樂趣。在肌力訓練的理論與實踐當中，有許多如本書所介紹的饒富趣味之處。想要分享「肌力訓練的樂趣」！我就是出於這樣的心境，獲得執筆的機會。儘管貢獻棉薄，但若能幫助到各位讀者，將是我無上的榮幸。

努力不懈直到精疲力竭為止，在那痛苦的盡頭有最極致的快樂。快樂且正確的肌力訓練，並不會因人而異，任何人都能看見成效。在我指導過的實踐者中，有人因肌力訓練使人生變得更豐富，豐富到令人難以置信的程度。

在出版本書之際，受到石井教授、柏口醫師以及東京大學出版會的岸純青先生大力協助。完成原稿後，我沉浸在執筆寫下從 MARUYA 健身

房、軟銀鷹選手和相關人士身上習得的寶貴經驗的喜悅中。在此衷心表達我的感謝。

　　最後，我想將這本書作為一種愛的形式，獻給在我腸枯思竭時鼓勵我「爸爸加油！」的高中生兒子，以及一路支持我的女兒與妻子。

高西文利

第 1 章	**肌肉是什麼？**

登場人物

提問者 1　真一郎同學（高中二年級的棒球選手）

在網路上蒐集各種訓練法，雖有知識卻未能實踐。目標是成為正規選手，日以繼夜地努力，睡眠時間只有 5、6 個小時，有一點過勞的跡象。

提問者 2　桂子女士（有肩頸僵硬與腰痛問題的 40 多歲職場媽媽）

每天對著電腦工作，一有時間就滑手機。肩頸僵硬很嚴重，有時手還會麻麻的。一年當中會有幾次因為腰痛而去醫院。

提問者 3　美代子女士及正一先生（會上健身房的 70 幾歲夫妻）

太太身材有點豐腴，正苦惱於膝蓋退化與疼痛，因此積極地到健身房訓練。先生在不得已之下，被太太一起拉去健身房，但經常偷懶。

1.1 日常生活與肌肉

· 重力 vs. 肌肉

人類會用雙足步行，並坐在椅子上做事。由於身體會持續承受重力，因此我們為了保持適當的姿勢，勢必會對特定的肌肉造成負擔。這些特定的肌肉又稱「抗重力肌」，而這些肌肉的異常，讓人陷入各種障礙或疾病所帶來的困擾中。本章將解說「日常生活與肌力的關係」。

（1）姿勢異常造成的疼痛與麻痺

桂子女士：「我工作要面對電腦的時間很長，每到下午肩頸或背部就

會變得僵硬，有點喘不過氣來。我在醫院照過頸部的 X 光片，診斷出有直頸（straight neck，俗稱烏龜頸）問題。去按摩就會舒服一點，但也只有那個當下會緩解而已，請問有什麼辦法可以改善嗎？」

有許多女性上班族苦惱於類似的症狀，甚至有些人可能合併有手麻、頭暈目眩或耳鳴等症狀，這些都是資訊科技社會帶來的現代文明病。這些症狀肇因於工作中或日常生活中的姿勢。駝背時肩膀向前突出，呈現有點低著頭的姿勢。若長時間駝背，支撐頭部的頸部小肌肉或肩部的斜方肌會過度緊繃，導致頸部到背部僵硬。前斜角肌、中斜角肌或胸小肌等小肌肉若過度緊繃，會變得硬邦邦，從中通過的臂神經叢就會受到壓迫（見圖1.1）。這樣一來，手臂或手就會疼痛、麻痺或手指變得冰冷。正式的病名叫「胸廓出口症候群」。

這些人一旦拍攝頸部 X 光片，就會發現頸椎變成直的，而未呈現正常的前屈狀態，因此又稱直頸（見圖 1.2）。直頸只是在描述骨骼排列方式的狀態或模樣，並不是病名。**由於姿勢（骨骼的排列）可以由意識或施力**

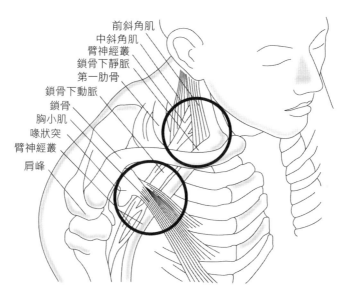

圖 1.1　臂神經叢通過前斜角肌與中斜角肌之間，並通過胸小肌與肋骨之間。
胸廓出口症候群是指圈起的部位受到壓迫，而產生疼痛或麻痺。

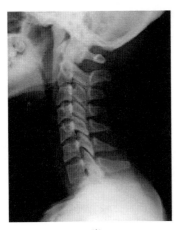
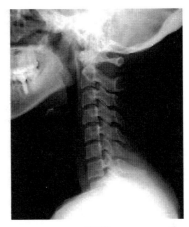

正常　　　　　　　　　　　　直頸

圖 1.2 左圖為正常人的頸椎，平緩前屈，共有 7 節，但若因為後頸
　　　 部肌肉疲勞，無法支撐頭部，就會變成像右圖一樣，呈垂直
　　　 排列。倘若進一步惡化，甚至有可能向後彎或變成 S 型。

方式任意變換，因此透過肌力訓練即可加以改善。只是不能光靠頸部周圍
的訓練而已，必須包含下肢、骨盆乃至整條脊椎，全身都必須重整才行。

　　桂子女士：「除了電腦，我也經常滑手機。拿著手機那側的肩膀、背
部以及手肘特別容易疼痛。」

　　隨著智慧型手機的普及，胸廓出口症候群的患者急遽增加，而且不只
是成人，連中小學生都包含在其中（見圖 1.3）。智慧型手機比電腦更容
易造成負擔，原因是單手操作加上角度頗大的低頭姿勢。

圖 1.3 操作電腦或手機時，會呈現駝
　　　 背或低頭的姿勢，容易造成頸
　　　 部或背部肌肉過度疲勞。

真一郎同學：「我們隊上的王牌因為右手肘疼痛與麻痺而無法握球，醫院說是智慧型手機造成的，但為什麼是智慧型手機的問題呢？我實在無法理解。」

隨著智慧型手機的普及，愈來愈多高中棒球員出現手肘痛或肩膀痛的症狀。理由是因為習慣了駝背，無法做出挺胸的動作。一旦無法挺胸，就會在手肘過低的狀態下投球，因此對手肘造成負擔，尤其是通過手肘內側的尺神經會受到牽引而引發障礙。在高中棒球員中，尺神經障礙的案例正隨著胸廓出口症候群顯著增加，因此也開始有球隊限制或禁止使用智慧型手機。

治療步驟是先暫停使用手機，讓疲乏僵硬的肌肉恢復，再進行按摩或神經解套注射（超音波導引肌筋膜剝離術）。輕負重的肌力訓練、伸展或跳舞也能加速復原。不良的生活習慣或環境等罪魁禍首也必須調整。等到看見復原的跡象，再開始逐步鍛鍊退化的肌肉。請好好花時間重新調整回良好的姿勢，切勿心急。

桂子女士：「我知道了，我會注意工作時的姿勢，並花時間做伸展運動，大概每兩小時就起來伸展一次，同時也會限制滑手機的時間。」

真一郎同學：「王牌隊友現在都會固定去醫院復健。我也要減少滑手機的時間，還要前往醫院請他們教我怎麼做伸展運動。」

（2）老化與姿勢變化

正一先生：「我家老太婆年輕時貌美如花，腰桿打得直挺挺的，走路的姿態也很輕盈，但最近都彎腰駝背，走路搖搖晃晃。」

美代子女士：「這老頭子真討厭，你自己還不是彎腰駝背，個子都變矮了，哪有資格說別人。」

老夫妻的對話令人不禁莞爾。隨著年齡增長，再漂亮的美女也會長皺紋或黑斑，變得彎腰駝背，曲著膝蓋走路。最後連走路都很困難，必須

圖 1.4　妙齡美女也會隨著年齡增長而變得彎腰駝背，
必須拄著拐杖，最後倚賴輪椅生活。

圖 1.5　人類因為雙足步行，所以可以自由運用雙手，進而創造出
發達的文明。隨著演化的過程，姿勢也逐漸改變。

拄著拐杖，甚至倚賴輪椅生活。正如各位在高中時期漢文課學過的劉希夷作品〈代悲白頭翁〉一樣，「年年歲歲花相似，歲歲年年人不同」（見圖1.4）。在悠久的時間裡，自然界的變化微乎其微，人類卻隨著年紀急速衰老。

　　那麼為什麼會彎腰駝背、個子變矮呢？理由有二。一是抗重力肌的弱化。我們生活在有重力的世界，而承受著重力撐起身體、雙腳走路使用的肌肉，就是抗重力肌。從類人猿分支演化出來的過程中，抗重力肌變得發達以適應雙足步行（見圖1.5）。19世紀中期，恩斯特・海克爾（Ernst Haeckel）在復演說中說明道：「個體發育會在過程中重演系統發育。」剛出生的嬰兒從爬到扶站，然後才學會用雙腳走路。這段發育過程看起來與人類從類人猿演化至今的過程，也有異曲同工之妙。

膝伸展力（kg‧m/秒）

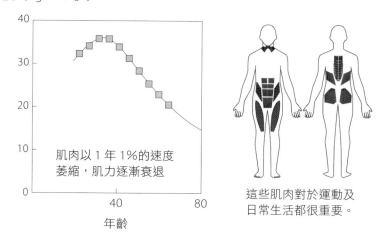

肌肉以 1 年 1% 的速度萎縮，肌力逐漸衰退

這些肌肉對於運動及日常生活都很重要。

圖 1.6　後頸部肌肉、腹肌、背肌、臀肌、股四頭肌等肌肉，就是代表性的抗重力肌（參考 Israel，1992 與川初，1974 改編）。

　　接下來，抗重力肌具體來說，位於哪些部位呢？如圖 1.6 所示，被稱作抗重力肌的肌肉就位於身體的中心。這類肌肉會隨著年齡增長或活動量的減少而萎縮。久而久之，將會無法再好好地支撐身體，人就會彎腰駝背。正好就像圖 1.5 的演化過程倒退回去一樣逐漸衰退。

　　正一先生：「男女都一樣會變矮嗎？我覺得老太婆矮得比我還多。」

　　女性確實會比男性矮得更多，這是有原因的。兩種變矮的作用機制分別是脊椎的椎體變形，與椎間盤變性。女性在停經後，由於荷爾蒙水平的關係，易使骨質疏鬆症惡化，椎體逐漸塌陷，導致脊椎前後彎曲，有時甚至左右彎曲。此外，椎體與扮演椎體軟墊角色的椎間盤也會損壞變薄。長此以往，整條脊椎就會歪斜萎縮。老人家尤其是女性，容易因為這兩個原因變矮。

　　正一先生：「我了解為什麼我們會因為年紀而駝背了，但現在好像也有更多年輕人駝背的樣子。」

　　正如正一先生所說，在日本有愈來愈多人姿勢不良，這是已開發國

圖 1.7　姿勢雖與雙足步行同步變化，但隨著文明的進步，工作上
的作業姿勢也有所改變，駝背的姿勢又再度增加。

家共通的現象。在從類人猿演化而來的過程中，人類學會雙足步行，釋放
出雙手。不過隨著文明的演進，要低著頭做的事情愈來愈多，姿勢的惡化
或體力的衰退在資訊科技社會中急速加劇。姿勢的部分似乎不是在進化，
而是在退化。為了阻止退化，必須靠積極的運動來努力恢復體力。圖 1.7
的插畫正是在諷刺這一點，但我認為這是全體社會都應該認真面對的嚴肅
問題。

（3）光在水中走路，骨頭與肌肉都會變瘦

美代子女士：「我在醫師的建議下，開始在泳池中走路。雖然在泳池
中走路時，膝蓋比較少疼痛，但一離開泳池就又恢復原本的疼痛，有
時甚至感覺更痛了，請問這是怎麼一回事？」

我常建議膝蓋或腰不好的人，可以在泳池內走路當作復健。此外，
也有很多人為了在疼痛出現之前先行預防，很努力地在泳池內走路。對於
所謂的「游泳池神話」，有很多人發自內心相信「在泳池內運動對身體有
益」。把泳池內的運動當作復健，其實既有好處也有壞處。由於泳池內有
浮力的關係，可以減輕對膝蓋的負擔，因此如果是肥胖的人，可以比較輕
鬆地步行。不過因為膝蓋周圍肌肉的負荷也變少了，所以肌力訓練的效果
也會降低。從泳池中出來時，會承受到原本的重力，因此反而會覺得身體
更沉重，或是感到全身倦怠。

 約為體重的 50%　　　約為體重的 30%　　　約為體重的 0 至 10%

圖 1.8　水深與浮力的關係示意圖。深及腰部時，浮力約為 50%。深
　　　　及胸口時，浮力為 70%，體重負荷為 30%。深及頸部時，承
　　　　受的浮力為 90%以上，體重為 10%以下。

　　術後患者為了控制負荷，或肥胖的人為了減重而利用泳池，是有意義
的，但一般能正常行走的人，光靠在泳池內走路，無法期待達到肌力訓練
的效果。圖 1.8 描繪的是水深與浮力的關係，當水深及腰時，體重負荷為
50%，深及胸口時為 30%，深及頸部時為 10%以下。因此，**雖然泳池運
動作為放鬆或有氧運動是有意義的，但強化肌力的效果卻比走路還低**。太
空人長期停留在外太空，肌肉或骨頭會變瘦，也是因為同樣的理由。

　　美代子女士：「若是那樣，我就是在白費力氣嘍？那我還能做些什麼
呢？」

　　美代子女士做的游泳池內運動，並不是在白費力氣。有氧運動的效果
與水所帶來的療癒效果，能夠重新提振身心。只要另外在常去的健身房做
肌力訓練即可，項目建議選擇自重的慢速深蹲，或輕負重的腿部推蹬。至
於從膝蓋彎曲位置開始伸展的腿部伸屈則不建議。只用到膝蓋的單關節運
動，對於要特別增強股四頭肌負重的健美運動員來說，確實是有效果的，
但一般人最好選擇膝蓋加上髖關節或踝關節一起的複合式運動較安全，而
且也同樣有效。

　　美代子女士：「肌力訓練與泳池內走路，先做哪個比較好？」

　　這個問題非常好。如果要看到效果，請先做肌力訓練。因為若反過來做，身體感到疲勞就無法在肌力訓練時充分發揮力量。請先藉由肌力訓練幫肌肉加重負荷，然後再到泳池內走路，放鬆疲勞的肌肉。由於運動量會增加，所以請記得保留一些力氣，讓你可以離開游泳池。下半身的肌力訓練每週做兩次（例如週一與週四）就已經很足夠了，每天做就太過度了，其他日子可以做上半身等其餘部位的肌力訓練。

1.2 大眾對「肌力訓練」的誤解

（1）健美運動員是「中看不中用的肌肉？」

真一郎同學：「棒球社在非賽季期間，會全隊一起做肌力訓練，但柔道社卻不這麼做。柔道社的社長說，肌力訓練鍛鍊出來的肌肉『中看不中用』，在實戰中派不上用場，真的是這樣嗎？」

　　至今依然有這種想法的指導者並不在少數，我們也無法一概否認。指導者會有這種想法應該也有他們的理由。首先，我們來看看運動員與健美運動員的肌肉有什麼不同。圖 1.9 是用光學顯微鏡與電子顯微鏡仔細觀察到的肌肉組織，從肌束到肌纖維，再到最後的肌原纖維。無論用何種方式研究觀察，運動員與健美運動員的肌肉在構造上也沒有任何差異。從這個角度來說，兩者之間沒有不同，更沒有所謂的「中看不中用的肌肉」。健美運動員並不是「在展現肌肉給人看」，而是「用肌肉來表現」而已，就如同芭蕾或花式滑冰的表演一樣。

　　接下來我們來想想看，為什麼柔道社教練會有這種錯誤的想法。真一郎同學，請問那位教練是身形壯碩的人嗎？他的柔道練到幾段呢？

真一郎同學：「他的身形很壯碩，現在還有 120 公斤。聽說他一直練到大學都是柔道選手。」

骨骼肌組織

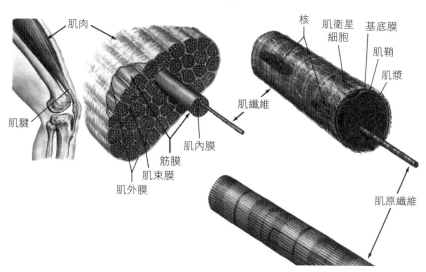

圖 1.9 用顯微鏡仔細觀察肌肉，由外而內會依序看到肌束、肌纖維，
　　　 然後是肌原纖維（參考 Netter，1987 改編）。

　　果然是身形壯碩的人。重量級選手在自由對摔時，光是對峙拉扯就十分耗力。輕量級或中量級的動作比較迅速，也會爭奪抓襟優勢。重量級則從一開始就互相抓握拉扯。這個過程本身就是一種肌力訓練，所以那位教練光是練習柔道，就鍛鍊出結實的身體。角力選手也有類似的傾向。角力有希羅式角力與自由式角力，希羅式角力因為只能攻擊上半身，所以會互相抓握拉扯。因此希羅式選手的上半身，通常都像健美運動員一樣發達。另一方面，自由式角力因為也能擒抱下半身，所以格鬥中會保持交戰距離，因此上半身比希羅式選手發達的情況不在少數。器械體操選手也一樣，吊環、鞍馬、單槓的演繹本身，就具有肌力訓練的要素，因此即使不做肌力訓練，上半身也很發達。柔道社的教練應該也是因為自己沒做肌力訓練就練出一身強壯的肌肉，所以才會覺得沒有那個必要，認為只需做柔道的練習，就能鍛鍊出足夠的肌力。

真一郎同學：「原來如此，原來重量級與輕、中量級是有差異的。那麼個人或人種之間也有差異嗎？」

有的，歐美人的肌力似乎比較強，尤其是東歐人。此外，非裔選手的髂腰肌，據說比日本人粗 1.5 倍。如果要對速度與力量兼具的外國選手施技，必須鍛鍊出力量不輸對方的最低限度肌力。這一點也適用於重視技術或策略的足球。若本身具備的速度與力量，足以應付外國選手帶來的壓力，自己在傳球時也會比較從容不迫。

（2）「肌力訓練」會練出太多肌肉？

桂子女士：「現在流行的瘦身美容是飲食法與肌力訓練，但我實在無法積極投入肌力訓練，因為我不想要練出肌肉發達的身體。」

現在很流行支付高額費用的一對一瘦身諮詢吧？那跟健美運動員在比賽前進行的體態雕塑很像。只要嚴密計算熱量，調整飲食並搭配肌力訓練，除非有特殊疾病，否則通常都能消除皮下脂肪。成敗的關鍵在於，自己能嚴格執行到什麼程度。桂子女士擔心做肌力訓練會鍛鍊出肌肉發達的身體，但這樣的擔心是多餘的。看奧運女子短跑選手的身體就知道，她們雖然身材很結實，但臀部或胸部依然保有女性特有的曲線，不會像受到類固醇影響的健美運動員那樣，練出異常發達的三角肌或斜方肌。只要維持「遠離藥物」的飲食生活，就不會變成滿身肌肉的樣子。

相信有做過肌力訓練的男性就明白，**只是簡單的肌力訓練，並不會練出滿身肌肉，而且也練不出來**。如果沒有花一段時間鍛鍊到肉體瀕臨極限的程度，是不會因為肌肥大而嚇到旁人的。女性即使為了追求瘦身或健康的目的做肌力訓練，頂多也只會變得比較結實而已，請放心吧！

桂子女士：「女子 100 公尺短跑的奧運選手，身材確實都不錯，感覺直接當模特兒也沒問題。」

　　此外，配合不同的競技項目，適合的體型也不盡相同。這可以比喻為不同用途適合不同的交通工具。比方說，100公尺的短跑運動員，就好像平地越野摩托車賽用的怪獸重機；重量級男子柔道選手，就像卡車或自卸車；女子桌球選手，就好比小型的猴子摩托車吧。桌球或體操的女子選手，如果體格高大、體重又重時，會無法靈活地運動。同樣是女子選手，鉛球項目最好是身高較高、體重較重的人比較有利。不同的目的都有各自適合的體格或體型。

（3）練出肌肉會妨礙運動？

真一郎同學：「來我們隊上的教練說，胸肌變大會妨礙投球的動作，所以不要做臥推，真的有這回事嗎？」

　　這也是很難回答的問題。我不清楚那位教練的意圖，所以如果沒有直接與他交談，沒辦法正確回答你的問題，但我可以想到幾種可能的情形。一是臥推的姿勢或動作。有些人做臥推會停在一半，不會讓槓下放到胸口，這樣的姿勢就會變成用肩膀與手臂的力量推舉，而不太會使用到胸大肌。若持續做這個動作，肩胛骨會前傾成駝背姿勢，投球時就無法擴展胸廓。他或許是因為這個理由而不建議做臥推。在做臥推時，「與其說是把槓下放到胸口，不如說是用胸口來迎接槓」，具備這樣的意識很重要。如此一來，就能擴展胸廓。臥推本來就是一種為了擴展胸廓而做的訓練。

　　另一個可能是肌力訓練的動作速度。慢慢花2、3秒的時間讓槓下放的方法，與快速下放到胸口上反彈，再一口氣推舉的方法，目的與效果是不一樣的。如果要對肌肉產生效果（造成刺激），慢速下放優於快速下放，許多健美運動員都採用這種方法。若經常採用這種方法來訓練，發揮力量的型態就會變慢，與競技的表現大不相同。因此，也有教練不推薦這種動作緩慢、不運用反作用力的肌力訓練。

　　反觀快速下放的做法則是運用反作用力，較接近競技的表現，並且會鍛鍊出相應的力量，但會對關節造成較大的負擔，容易造成運動障礙。運

動員最好適度結合兩者進行訓練，而不要只偏重其一。

　　真一郎同學：「有些人力氣大卻不擅長打棒球，也有些人沒有肌力卻很會打棒球，請問這跟什麼有關呢？」

　　這也是很難回答的問題。棒球打得好不好，問題在於對競技表現的理解或觀念。此外，從小到大的運動經驗或身體素質也有關聯。由於牽涉到眾多因素，因此沒有答案。只是光靠肌力訓練並無法提升表現，必須要同時做柔軟度（伸展性）或技術（技巧）的練習，才有可能進步。

　　有些投手儘管下肢或軀幹缺乏肌力，還是能投出時速將近 150 公里的球。這樣的投手即使以高中生來說表現出眾，但進入職棒球團以後，有可能遲遲無法升上一軍。由於不懂得善用動力鏈，因此球速雖快，但只要因為疲勞或異常而不舒服，就會無法調整。即使成為先發候補，也會因為沒有體力而疲憊失分，或肌肉因疲勞而變硬，姿勢就會亂掉，球速也會掉下來，控球也變得不穩定。下半身或軀幹缺乏肌力，就無法跟上高水準的練習或比賽。這類選手必須在二軍從頭開始鍛鍊身體。也有高中時期球速為 130 幾公里的投手，趁著打業餘棒球的兩年期間鍛鍊身體，練到能夠投出 145 公里以上的球，最後成為職棒的王牌選手。那位選手在剛進入業餘棒球團時，連 100 公斤的深蹲也做不到，但經過他不懈地努力之後，在第二年結束時，已經能夠做 140 公斤的全深蹲 10 次。聽說體重也增加 10 公斤以上，可以游刃有餘地投球。

　　此外，**肌力訓練並不是有做就好，必須配合「成長」調整負荷才行。**也有選手由於高中時期還在長高，因此肌力訓練採取較輕的負荷，等到成為職業選手後，才開始正式的肌力訓練，並在 5 年後移籍 MLB（美國職棒大聯盟）時，已經鍛鍊出能夠穩定投出球速 150 幾公里的體力，而且球速最快超過 160 公里。

（4）深層肌肉及淺層肌肉

真一郎同學：「教練跟我說，運動中重要的是深層肌肉，而健身房做的肌力訓練只鍛鍊到淺層肌肉，所以沒有用，這是真的嗎？」

沒這回事。首先，我來說明深層肌肉與淺層肌肉這兩個名詞。原本深層肌肉是用來指位於身體深處的肌肉，淺層肌肉則是指位於身體表層的肌肉。最初被用在肩膀活動障礙的復健中。肩關節的深層有名為旋轉肌袖的棘上肌、棘下肌、小圓肌以及肩胛下肌，淺層有三角肌、胸大肌、闊背肌等大肌群。肩膀是上臂骨頭以肩胛骨窩為中心旋轉。此時，三角肌等淺層大肌群是活動肩膀的動力源，深層的旋轉肌袖會讓上臂骨頭固定於肩胛骨窩，有製造旋轉運動支點的作用。從功能面來說，旋轉肌袖是穩定肌（製造支點的肌肉），淺層的大肌群是驅動肌（動力源）。

如果因為使用過度等原因，造成旋轉肌袖功能衰退，支點就無法固定，導致上臂骨頭無法旋轉運動。在這種情況下，會採行旋轉肌袖的伸展運動或活性化當作治療，因此才會有人認為旋轉肌袖，亦即深層肌肉很重要。不過並沒有哪一種比較重要，兩種都必須順利運作才行。兩種肌肉都必須鍛鍊才有意義。

當時由於這種深層肌肉、淺層肌肉的想法是劃時代的觀念，因此人們開始應用到各種部位上。雖然字面上分成深層與淺層，但到哪裡為止屬於淺層，並沒有明確的定義，因此好像大家在各說各話。有的人以衣服的內衣與外衣的概念來使用，甚至也有人說軀幹中的腹橫肌是深層肌肉、腹直肌或腹斜肌是淺層肌肉。這樣的突發奇想雖然有趣，但我認為很難用單一概念來說明所有層面。同理，用局部肌肉（local muscle）與廣泛肌肉（global muscle）的概念來說明脊椎的運動，是很棒的想法，但也不能用來說明全身上下的所有部位。

1.3 肌肉與疼痛

（1）疼痛是一種異常警報

真一郎同學：「在運動練習中，或挫傷、切創等受傷的情形下，也會感到疼痛，一旦感到疼痛就會很難活動。請問為什麼會發生疼痛呢？」

這是很困難的問題。「疼痛」本身的研究極其深奧，至今仍未完全釐清。疼痛與大腦的關係、疼痛的傳遞路徑、致痛物質等各種研究正在進行當中。此處就來說明疼痛的功用。

無論是身材鍛鍊得再好的名人或高手，都有一些無法再做出原本動作的原因。首先是大腦或末梢神經損傷所造成的麻痺，由於無法再傳達指令給動力源的肌肉，因此就不能再活動肌肉。另一個原因則是「疼痛」。一旦疼痛，動作就會停止。為了避免造成疼痛，可能會改變活動方式或使用繃帶或護具。就算一開始能夠應付，久而久之疼痛還是會變本加厲，最後將無法活動。原本可以做到 300 公斤的深蹲，逐漸減少為 200 公斤、100 公斤，最後即使無負重也蹲不下去。就算吃藥、打針來止痛也會逐漸失效，即使還有力氣，身體也無法再活動。

究竟疼痛是為了什麼而存在？**「疼痛」是生物為了維繫生命而建構出來的一種防禦機制**。當發生對身體有害的事情時，身體就會製造出疼痛來告知主人迴避的必要。鼻子會聞到異味，以避免吃下有毒物質，就算不小心吃進口中，也會感受到苦味而吐出來。疼痛也是同樣的原理，扮演著保護身體不受損害的角色。

有一種病理狀態叫夏柯氏關節，指的是神經麻痺或腦損傷導致無法感覺到疼痛，卻能像一般人一樣活動的狀態。在這種狀態下，由於無法感覺到疼痛，因此運動的煞車系統不會正常運作，往往會活動到超越生理極限。於是韌帶、軟骨、骨骼都會受損，最終關節遭受破壞而無法再活動。這些人的患肢上會有許多燙傷或疤痕，因為他們就算燙傷或受傷也不會察

覺。就算動手術治療，很多時候也會反覆受傷而無法治癒，最後甚至有可能截肢。

　　疼痛可說是身體的異常警報。因此，當疼痛發生時，不要忍耐或隨便用藥物控制，前往醫療機構尋求治療，調查清楚發生什麼事是很重要的。如果能在重症化或慢性化之前，趁著初期還很輕微時接受適當的治療，也可延長運動生涯。

（2）有不需要擔心的疼痛嗎？

真一郎同學：「我明白疼痛是一種保護身體的重要警報，但是哪種程度的疼痛該去醫院呢？稍微有點痛就去比較好嗎？」

　　如果大家都稍微有點痛就去醫院，不僅球隊無法練習，醫療機構也會塞爆。以下說明哪種程度的疼痛與哪個部位疼痛才需要去醫院的判斷標準。首先，我們把關節痛與肌肉痛分開來思考吧！若是挫傷或扭傷等外傷導致關節腫痛時，必須接受精密檢查。在韌帶損傷或骨折的情況下，在徹底治療好之前，嚴禁做出勉強的動作。請交給醫師判斷是否需要動手術，或是等待一段時間就會自行復原。再者，雖然沒有外傷，但因為比賽或練習過度導致關節腫大時，最好也接受精密檢查，有可能是韌帶、半月板或滑膜皺褶等部位受傷。

　　接下來是肌肉痛，強力碰撞時有可能讓肌肉挫傷，甚至肌肉會斷裂，因此必須用 MRI（磁振造影）或超音波診斷裝置做檢查，確認損傷的程度。依據斷裂的程度或部位不同，有時可能必須做血腫的抽吸等處置，或肌腱縫合等手術，恢復期也不一樣。如果是肌力訓練後的肌肉痛等知道原因的疼痛，而不是外傷時，稍微觀察幾天也不需要擔心。如果局部壓痛或硬結持續好幾週，就必須接受精密檢查。有時可能是因為筋膜或肌纖維沾黏而難以活動，必須徒手或靠注射來解除沾黏。簡而言之，**當①有強烈疼痛感、②持續疼痛及③反覆疼痛時，請接受專科醫師的診療。**

　　以上是適用於成長期選手或一般運動愛好者的通論，資深選手的因

應方式則有所不同。他們在某種程度上，可以從經年累月的疼痛經驗中，判斷「這個沒事」或「這次的疼痛感不一樣」。若長期從事頂級水準的運動，疼痛似乎是家常便飯。習慣疼痛雖然不是一件好事，但「與疼痛和平共處」是無論如何都必須做到的。必須一邊評估賽季的時期、在團隊中的角色、自己的身體與表現，一邊折衷妥協到無法再妥協為止。不過在結束現役生涯時，關節有可能已經被折磨得傷痕累累了。

第 2 章 ｜ 認識肌肉 & 肌力訓練

2.1 一起來認識肌肉──肌肉的功能

（1）認識肌肉的四種功能

我們做肌力（阻力）訓練的目的是什麼？

很多人是為了消除多餘的脂肪，打造出結實的身體而訓練，同時也可以預防或改善代謝症候群。此外，也有很多人是為了「預防老化及退化」而訓練。對於運動障礙症候群的預防與改善，肌力訓練也是有效的方法。最近愈來愈常聽到的肌少症，也能藉由肌力訓練有效預防與改善。

在競技運動中，會為了「預防受傷或異常，以在競技中取勝」而訓練，其他還有「促進兒童的成長發育」、「健康管理」、「病後的體力恢復」等各式各樣的目的。

究竟為什麼「肌力訓練」會是達成這些目的的有效手段呢？為了回答這個問題，我們先把焦點放在肌肉上吧！如此一來就會知道，肌肉具有以下「四種功能」（見下頁圖 2.1）：

① 活動身體（產生活動）

② 保護身體（吸收衝擊）

③ 製造熱能（產生熱能）

④ 幫助血液循環（輔助循環）

能夠同時發揮且強力提升上述四種功能的方式，就是肌力訓練。做肌力訓練有助於提升與這些作用相關的功能，最後即可如前文所述，達成各式各樣的目的。

（2）是什麼決定了「肌肉的四種功能」？

　　肌力訓練能強力提升與肌肉相關的四種功能，但究竟肌力訓練改變了肌肉的哪個部分？只要做肌力訓練，肌力就會變強，隨之而來的是肌肉變粗、變大。此外，如果調整重量並增加次數，就會增強肌耐力。其中，又是什麼與肌肉的四種功能有關呢？

　　那就是肌肉「量」。藉由肌力訓練「增加肌肉量」，能夠強化肌肉的四種功能。肌力與肌肉橫斷面積成比例，是生理學上已知的事實。一旦肌肉量增加，肌力也會等比例提升。一般都用「肌肥大或肌力增強」來表現，或說得更具體一些，就是「把肌肉變粗、變大、變強」。

　　為了能更迅速地活動身體、跌倒時承受衝擊以保護關節或內臟、避免受傷或異常，肌肉都是不可或缺的。要促進疲勞的修復，也需要肌肉製造熱能，來加速新陳代謝。若要打造出更強健的身體，也必須讓攝取均衡飲食後充滿營養的血液，能夠順暢地循環。

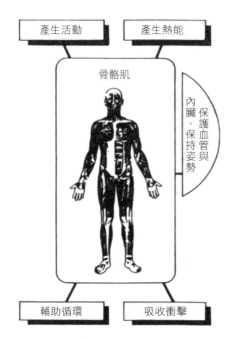

圖 2.1　肌肉的「四種功能」（石井，2000）

　　如果沒有肌肉，就無法活動身體。很多人應該也隨著老化，逐漸意識到這一點吧？若平常沒有做運動，**據說從 30 幾歲開始，下半身的肌肉量每年會減少 1%**。不過即使過了這個年齡，只要做適度的肌力訓練，還是可以在 3 個月內增加 5% 的肌肉。

　　此外，肌力訓練的附加效果還包括「保持姿勢」與「保護血管及內臟」。不僅如此，最近的研究還發現，肌肉具有內分泌器官的功能，同時也和失智症的預防有關。

（3）　肌力增加，能減緩老化

若深入探究肌肉的四種功能，最終將會得到這樣的答案：「肌肉是唯一能對抗老化的器官」。換句話說，**「肌肉」能控制肌力的流逝或老化的速度**。

我們的身體是由消化系統、循環系統、呼吸系統、生殖系統等各種器官系統所構成。在這些器官中，能夠透過運動直接產生作用，並按照個人意志與努力來改變的，就是運動器官中的肌肉。不僅如此，我們也知道與「四種功能」有關的機能若提升，也會對肌肉以外的器官帶來正面影響。

醫學博士久野譜也在著書中形容：「肌肉是裝設在人體中的時光機器。」（久野，2015）若能強力提升肌肉的四種功能，應該能減緩身體衰老的速度，甚至使其逆轉。

（4）　「動保熱血」是什麼？

有一位活躍於 1970、80 年代奧運賽場上的世界知名女子體操選手，名叫納迪婭・柯曼妮奇（Nadia Comaneci）。我援用了她的名字，把肌肉的四種功能簡稱為「動保熱血」（譯注：作者以日文各取一個發音組合成諧音 umaneci）。

① 活動身體的「動」；
② 保護身體的「保」；
③ 製造熱能的「熱」；
④ 幫助血液循環的「血」。

把這些拼湊在一起，就得到「肌肉的四種功能」＝「動保熱血」。

在做訓練指導時，我都會在說明完一遍理論之後，詢問參加者：「肌肉的四種功能有哪些？」很多人都需要一些時間回想，無法回答出全部四種功能。於是我才想出「動保熱血」一詞。這樣簡化以後，很多人就能夠

瞬間想起肌肉的四種功能，比較不容易忘記，並刻印在腦海裡。接下來，我將以此繼續說明「為什麼人必須做肌力訓練」。

2.2 用「動保熱血」解析肌力訓練

（1）透過肌肉「提升競技力」

若想「提升競技力」，肌力訓練是取勝的必要條件。雖然這在今日已逐漸成為常識，但在體育現場依然會面臨一種狀況，就是肌力訓練與預備運動（肌力訓練以外的補強運動與技術練習）的目的受到混淆。能夠有效把肌肉變粗、變大、變強的臥推或深蹲等訓練項目，由於腿的位置或身體是固定的，因此動作與預備運動的跑、跳、丟等不同。不過大家似乎不理解其中的理由或意義。

此外，臥推或深蹲等訓練，也有可能造成受傷或異常的狀況。這是因為沒有使用正確姿勢做訓練，但有些人卻因為這樣的經驗，而不再做肌力訓練，即便目的是要鍛鍊肌肉，仍然選擇了預備運動當作訓練項目。

在競技運動之中，必須在具備以下兩個意識的前提下，從事肌力訓練才行：

① 預防受傷或異常等傷害（安全）；

② 提升競技力（效果）。

「安全第一，效果第二」。在肌力訓練的實踐中，「安全」是第一要務，唯有確認足夠安全後，再來追求「效果」這項最重要的課題。也有些人因為太過重視效果，所以愈是投入肌力訓練，反而造成愈大的傷害。因此，從生理學基礎的肌力訓練基本理論，可以構思出以下三大主軸：

(a)「動保熱血」與運動的關係；

(b) 肌肉是引擎；

肌肉量與競技力

　　職棒界每年都會發表金手套獎。2017 年洋聯的捕手部門獲選的是軟銀鷹的甲斐拓也。甲斐選手在 2010 年以育成選手身分入團以來，是第一批由我指導肌力訓練的選手之一。身為育成選手並獲得金手套獎，在悠久的職棒歷史中，甲斐選手是第一人。同期有柳田悠岐選手，還有以育成選手身分入團的千賀滉大選手。2017 年表現活躍的石川柊太選手也是育成選手。這類選手一般來說，「動保熱血」的水平都非常高。他們在經年累月的努力下，擁有奠定職業基礎的肌肉量，我想那就是他們今日能如此活躍的原因。

（c）爆發力＝力量 × 速度。

這是按照優先順序排列的結果。

（a）「動保熱血」與運動的關係

　　在許多競技運動中，肌肉的四種功能（即「動保熱血」）愈好，對比賽來說愈有利。「動保熱血」的本質在於肌肉量，因此為了提升水平，採行最能有效增加肌肉量的肌力訓練項目是基本。一旦強力提升「動保熱血」，與該運動特有動作有關的競技力也會提升。

　　此外，就如前文所述，還能保護內臟、關節、骨骼，也能預防受傷；從身體（肌肉）製造熱能促進新陳代謝；幫助血液循環，持續把營養輸送到全身，進一步促進疲勞的修復。

　　換句話說，能強力提升「動保熱血」的肌力訓練，是鍛鍊身體的基礎。

（b）肌肉是引擎

　　若把身體比喻為車，肌肉就相當於產生動力的引擎（原動機），負責「動保熱血」中「活動身體」的任務。肌肉作為身體的引擎，基本性能是

用爆發力、馬力來表示。然後藉由肌力訓練把肌肉變粗、變大、變強，等於是改造引擎來提升基本性能，例如把 100 馬力的引擎改造成 150 馬力。

不過我曾在體育現場碰過很棘手的問題。有時即便提升肌肉的基本性能，突破個人臥推或深蹲等訓練的紀錄，以達到肌肥大與肌力的增強，但運動時的動作卻沒有改善，表現也沒有因此提升。甚至在某些情況下，動作還會變得更差，反而造成表現退步。

有這種經驗的運動選手，最後放棄肌力訓練的人我看多了。甚至直到今天，我依然會碰到選手很認真地表示，自己做了肌力訓練導致表現退步，這種難以回應的場面。指導者需要做到的是，反覆說明以生理學為基礎的肌力訓練基本理論，並且讓選手能夠充分地理解。

「肌肉是引擎」的理論含有一個意義，就是明確說明肌肉在運動中的定位與應該達成的任務。若把人體與車做比較，可以像圖 2.2 一樣，大致分成四類來思考。

由這張圖可以理解一件非常重要的事，就是肌力訓練雖然能夠提升相當於引擎的肌肉基本性能，但除此之外的第二至第四項幾乎都無法提升。

明明鍛鍊肌肉讓身體變大了，動作卻還是沒有改變，這就跟普通轎車裝上賽車引擎是一樣的道理。就算引擎本身具備跑到時速 300 公里的能力，如果其他零件無法承受那種程度的馬力，頂多用一般的速度跑就已經

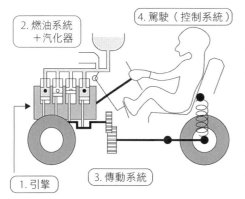

	車	人體
1	引擎	肌肉
2	燃油系統＋汽化器	心臟、肺、血管、消化器官、代謝系統
3	傳動系統	骨骼、關節、肌腱
4	駕駛（控制系統）	腦、神經

圖 2.2 人體與車的對照（石井，1999）

很吃力了。如果一直踩油門想加速到時速 300 公里，反而會導致整台車損壞。為了避免這種情形，必須配合引擎的性能改良燃油系統、汽化器與傳動系統，還要把開車的駕駛換成賽車手才行。

要改良心臟、肺、血管、消化器官、代謝系統（相當於燃油系統＋汽化器），就要做能提升心肺功能的長跑等補強運動。另外，也必須攝取營養均衡的飲食，改善消化與代謝。

在強化骨骼、關節、肌腱（相當於傳動系統）的同時，也要做伸展運動來提高柔軟度。因為必須要有能出色運作的柔軟度，才能避免對上述部位造成負擔。

然後為了改良腦與神經系統（相當於駕駛），必須要做各種體態管理與補強運動作為預備運動。例如使用反向動作的 SSC（伸展收縮循環）、軀幹或深層肌肉的訓練、SAQ（Speed-Agility-Quickness）訓練、協調性訓練等各種訓練，然後最重要的是專業競技的技術練習。

唯有均衡且適當地組合這四塊拼圖，才能有效提升運動表現。這才是「肌肉是引擎」這句話的涵義。

（c）爆發力＝力量 × 速度

引擎的基本性能是馬力（爆發力、功率），肌肉的基本性能同樣也是爆發力。從力學上來說，「爆發力就是能在 1 秒內向外發出的動能大小」。假如相互競爭的兩名選手擁有同樣的技術力，那麼動能較大的選手，能跑得更快、跳得更高、把球投擲得更遠。這就是爆發力之所以在運動中如此重要的理由。

再來是「爆發力＝力量 × 速度」的關係。肌力與肌肉的粗度成比例，速度的絕對值則取決於骨骼（肌肉）的長度。比起身高較高的人，身高較矮的人骨骼比較短，在這一點上比較吃虧。**因此，如果想要有爆發力，必須提升肌力才行。**換句話說，為了提升爆發力，「把肌肉變粗、變大」也是很重要的。

此外，還有「力量＝質量 × 加速度」的關係。力量與加速度互相成

比例，也就是說如果肌力提升，速度也會變快。比較極端的說法就是「肌力會創造速度」。

　　東京大學石井研究室出身的近畿大學教授谷本道哉，以科學方式探究「肌肉作為引擎」的意義時，如此描述道：「有多粗就有多強，有多強就有多快。」（谷本，2007）。這句話直接點出了做肌力訓練的本質，同時也給人強烈的衝擊。

　　此外，石井（1999）介紹了比較男女的力量－速度關係（凹型）圖，還有力量－爆發力關係（凸型）圖（見圖2.3）。圖中呈現的是在進行舉起特定重量的課題時，肌肉發揮的力量（橫軸）與肌肉的收縮速度（左軸）及爆發力（右軸）的關係。

　　由此圖可知，比起力量－速度關係（向下凹的曲線）所能觀察到的差距，力量－爆發力關係（向上凸的曲線）所能觀察到的差距明顯更大。也就是說，如果肌力提升，爆發力會提升得更多。由於這張圖比較的是男女差異，因此實際上比較的是，骨骼長度不同時，肌力增長對爆發力的效果，若肌力變成兩倍，爆發力會變成2.5倍。同一個人肌力變成兩倍時，由於速度（骨骼的長度）相同，因此效果會比這個低。不過即使如此，**做肌力訓練對於爆發力的提升，會產生比「提升肌力」更大的效果。**

（d）忠於基本，努力不懈

　　在訓練現場往往會被混亂不明的資訊與各種情緒所動搖，不過請不要受到迷惑，一起來做最正統的肌力訓練吧！其中有股力量能激發肌肉無限的可能性。正統的肌力訓練絕對不是什麼特

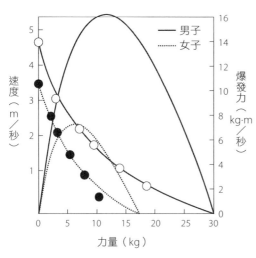

圖2.3　力量－速度關係（凹型）與力量－爆發力關係（凸型）的曲線（石井，1999）

別的東西，就是忠於「基本」努力而已。肌力訓練雖然沒有魔法，卻有能激發出魔法般效果的力量。

（2）如何讓身體變「緊實」？

有些人為了預防或改善代謝症候群、肥胖或文明病，必須消除多餘的體脂肪，讓身體變「緊實」。在女性之中，似乎有很多人為了雕塑身材，想要讓腹部周圍變緊實。

（a）「緊實」其實很簡單

「緊實」所需要做的，就是「讓身體消耗的熱量超過攝取的熱量」。雖然非常簡單，但不可能在短短幾天內就打造出緊實的身材。於是就有人會說：「減肥好難」、「運動好痛苦、好累」、「我沒辦法忍耐不吃」、「有沒有什麼能輕鬆消除脂肪的方法」。

以肌力訓練為主要運動的健美運動員，都以「如何在脂肪已經減到不能再減的身體上，留下更多的肌肉」為目標，為了在賽事上出場，每次都會「緊實」身體，成功率幾乎 100％。男性健美運動員的體脂肪率幾乎都在 10％以下，就算再高也幾乎沒人會帶著 15％以上的體脂肪率出席賽事，與代謝症候群或文明病無緣。

「緊實」之所以每次都成功，是因為大家理解那個方法，並清楚看見其中的道理。他們知道沒有什麼方法可以在幾天內，就輕輕鬆鬆得到「緊實」的效果。同時也理解要經過幾個月的努力，才能達到目的。

想要創造「緊實」的效果，無論如何都必須投入這麼長的時間，因此是否能夠「樂在其中」就成了重點。為此，我們就接著來看以下的「緊實」三大原則。

（b）「緊實」的三大原則

想要健康地瘦下來，一般來說有三大原則：

肌力訓練的樂趣在於「激出熱情」

　　筆者目前是職棒球隊軟銀鷹的訓練顧問，負責指導所有選手的肌力訓練已經邁入第十年了（截至 2020 年 4 月）。在活躍於一軍的選手中，有身高 175 公分、體重 65 公斤以下的選手，也有身高相同、體重超過 90 公斤的選手，各種體型的選手都有。

　　如果有選手照現在的體型，無法改變太多時，那麼對於努力做肌力訓練，試著增加肌肉來說，應該具有十二分的價值吧！面對那樣的年輕選手，我都會說：「只要增加肌肉，人生就會改變喔！」如果能因此打動對方的心，就可以激發出爆炸式的熱情。在筆者指導的軟銀鷹選手中，也有人真實成為一段成功故事的主角。

　　職業棒球選手都賭上自己的人生，抱著必死的決心投入練習或比賽當中。若要藉由肌力訓練的指導，帶他們達到真正的效果，我也必須有完全相同的心境，抱著賭上人生的必死決心才行。身為指導者，我必須直接面對選手的心理狀態，並提供他們最大程度的支援，所以我很認真地學習訓練科學，並親身累積肌力訓練的實踐經驗，然後將自己所擁有的技術或經驗，全部掏出來交給活躍於軟銀鷹一軍的選手，要不然就太對不起他們了。正因如此，我才能全心沉浸在軟銀鷹的指導工作中。從某種意義上來說，或許這就是肌力訓練最極致的樂趣吧！

　　然而，世界上卻有人認為，一旦開始做肌力訓練，就會立刻鍛鍊出肌肉。從我的經驗來說，那種事情只會發生在初期階段。真正要練出傲視群倫的肌肉，是非常困難的事。

　　近年來，大聯盟中有巨大肌肉的選手變少了，隨之而來的是，幾乎不再有人創下全壘打的新紀錄。過去的超級球星練出像盔甲般的巨大肌肉，並屢創全壘打紀錄是為什麼呢？因為他們知道肌肉量就是速度的來源。不過那也因此導致有人使用肌肉增強劑（同化類固醇）等禁藥的嚴重結果。

① 打造脂肪容易燃燒的身體（肌力訓練）

② 在生活中活動身體（有氧運動）

③ 調整飲食（正確的飲食）

1992 年當時的筆者
（38 歲）

　　首先，① 打造脂肪容易燃燒的身體，就是靠肌力訓練鍛鍊出肌肉。只要能增加肌肉，就能透過以下這些「動保熱血」的功能，獲得脂肪容易燃燒的身體。

- 可以輕鬆活動身體，幫助脂肪燃燒；
- 由於能保護骨骼、關節或韌帶，因此可以放心地活動身體；
- 由於會從身體產生熱能，提高基礎代謝，因此即使什麼都不做，身體也會自行燃燒脂肪；
- 藉由幫助血液流動，可以迅速排除堆積在體內的疲勞物質，加快恢復的速度。

　　如此一來，就能夠 ② 在生活中自然地活動身體，不需要太過勉強就能燃燒脂肪。最後是 ③ 調整飲食，即攝取營養均衡的正確飲食，進行熱量的調整。

　　我們來看看具體的實踐範例吧！首先是藉由肌力訓練增加肌肉，提高基礎代謝，打造出容易消耗脂肪的身體。基礎代謝率是即使不做特別的運動，也必須用來維持生命的代謝，占全體消耗熱量的 60％以上，其中約 40％是被肌肉產生的熱能所使用。也有研究顯示，肌肉每增加 1 公斤，平均 1 天的基礎代謝率就會提高約 50 大卡。如果每週做兩次肌力訓練，每次 10 分鐘左右，大約花半年到 1 年的時間，就有可能「增加 4 公斤的肌肉」。4 公斤 ×50 大卡，等於 1 天可以提高 200 大卡的基礎代謝。

　　接下來，在生活中多安排運動，每天消耗 200 大卡的熱量，像走路、慢跑、游泳、騎腳踏車等有氧運動都可以。然後試著把每天飲食中攝取到的熱量減少 200 大卡。

　　只要把這三項加起來，1 天就會減少 600 大卡。由於每 1 公克的體脂肪能產生 7 大卡的熱量，因此 600 大卡 ÷7 ≒ 86 公克／天，86 公克 ×365（天）＝ 31,390 公克／年，換算成脂肪量就是 30 公斤以上。

　　上述的②每天運動的生活與③飲食調整，若要每天執行，我想現實上幾乎是不可能的事。不過只要有肌肉，不必改變什麼也能每天進行基礎代謝。假設增加 4 公斤的肌肉，200 大卡 ÷7 ≒ 29 公克／天，29 公克 ×365（天）＝ 10,585 公克／年，即使只有①打造出脂肪容易燃燒的身體，1 年也能夠消耗約 10 公斤的體脂肪。

　　筆者曾經指導過多位沒有運動經驗的 60 幾歲女性，讓她們每週做 1 次 40 分鐘的運動，其中包含伸展運動或有氧運動，並成功在半年後增加 2 公斤、1 年後增加 4 公斤的肌肉。肌力訓練則是用 2 至 3 公斤的啞鈴，做 15 分鐘左右的慢速訓練，既安全又簡單。

（c）結合慢跑與肌力訓練

　　做慢速訓練等肌力訓練，會使人體分泌腎上腺素與生長激素。這些激素會加快體脂肪的分解速度，讓血液中的游離脂肪酸增加。

　　脂肪消耗的機制有分解與燃燒兩個環節。首先，體脂肪會被分解為游離脂肪酸與甘油，釋出到血液中。接著再將那些作為能量使用，即可燃燒脂肪。

　　有研究證明在做完肌力訓練以後，脂肪分解作用最長會持續 5 至 6 小時。在這段時間內，如果進行實際讓脂肪燃燒的慢跑或走路等有氧運動，還能進一步提升緊實的效果。**因此，「先做肌力訓練，再做慢跑等有氧運動」，這個順序很重要。**

（d）哪些是燃燒脂肪的有氧運動？

　　我們平常活動或運動，是以醣類與脂質作為能量來源。若是運動強度高的肌力訓練，能量來源幾乎全是醣類，通常都不會用到脂肪。想要靠運動燃燒脂肪（脂質），必須做有氧運動才行。

快走會使用到的能量來源，是醣類與脂質各半。慢跑或跑步是醣類高過脂質，若跑到心臟怦怦跳得很難受，會再加上無氧性的能量代謝，使得醣類消耗的比例變高。

體脂肪燃燒的標準可以看脈搏。若心率是 110 至 120，即可有效率地消耗脂肪。這是快走或輕鬆慢跑等情況下的心率。

筆者年輕時因為沒有這些知識，所以在以健美運動員身分參加賽事期間，曾經有段時期拚命地跑步。跑到氣喘吁吁的程度，因此心率應該也超過 120 吧！雖然有消耗一定程度的體脂肪，但想必也同時犧牲了好不容易練出來的肌肉。

如果先做以醣類為能量來源的肌力訓練，再繼續跑步消耗醣類，肌肉中的醣類就會枯竭。如此一來，肌肉會被分解，用來彌補跑步時不足的能量，因此會對肌力訓練帶來相當大的負面影響。事實上，我在做深蹲或臥推等高重量的訓練項目時，使用的重量也都降低了。最新的研究也顯示，**肌肉中的肝醣如果減少，也會阻礙肌肉中的蛋白質合成**。

我知道這些事情後，就把跑步改成比較輕鬆緩慢的慢跑，因此才能順利降低體脂肪。結果即便我的體重減輕 10 公斤，深蹲或臥推的紀錄依然沒有退步太多。這表示我在沒有犧牲肌肉量的情況下，成功地燃燒脂肪。

此外，健美運動員由於肌肉量多、基礎代謝高，因此醣類的攝取方式，才是保留肌肉量並降低體脂肪的關鍵所在。以我自己來說，我即使在飲食控制期間，也不會減少太多醣類（白米）的攝取量。相對地，我盡量少吃油炸物或用油做的料理（脂肪），改用蒸、烤、煮等不使用油的方式來烹飪。

至於促進脂肪燃燒的快走，也適用於追求健康為目的之一般民眾。

（3）關於「健康長壽」

目前已知肌肉量從 40 幾歲開始就會急遽減少。在腿部肌力的部分，80 幾歲時，肌力會剩下 20 幾歲的一半。肌肉量的減少是臥床不起的原因

之一，預防與改善的絕招就是肌力訓練。

在肌力訓練的基本理論中，一般成人提高效果的標準肌力訓練方法，是採用 8 至 10RM（進行 8 至 10 次後，即達極限的負荷）來進行。藉此即可一邊挑戰各種項目的高重量肌力訓練，一邊提升肌肉量與肌力。

不過對於肌肉量少、肌力低的高齡者或兒童，甚至是體力差的人來說，有可能很難採行這樣的運動。近年來，被推薦用來代替這個的運動之一，就是每週 2 至 3 次，每次 10 至 15 分鐘，用自己的體重或 1 至 4 公斤的輕量啞鈴來做的慢速訓練。不過這種慢速訓練，若要安全地將效果提高到最大限度，「認識身體的構造，配合個人身體狀況進行」是很重要的。

這對於（a）預防代謝症候群、（b）預防運動障礙症候群、（c）預防失智症也非常有效。以下就一項一項來看吧！

（a）預防代謝症候群

所謂的代謝症候群，指的就是脂肪堆積在內臟裡，同時在高血糖、高血壓與高血脂症中，合併有兩種以上的狀態。如果堆積太多內臟脂肪，有可能導致動脈硬化，最後恐怕會演變成心血管疾病（心臟病）或腦血管疾病（腦中風）等危及性命的疾病。

人是靠肌肉活動身體、產生熱能並消耗醣類或脂肪。如果肌肉變小，能量消耗會減少，脂肪會增加，有可能演變為糖尿病或高血脂症。代謝症候群的預防與肌力訓練之間，也是透過前述的「動保熱血」連結在一起。

採行適合自己年齡或體力的訓練

什麼是「慢速訓練」？

　　高齡者的肌力訓練，從很多角度上來說都是有風險的。在以 10RM 強度進行的肌力訓練中，全身上下都會承受巨大的壓力，尤其是關節或骨骼，血壓也會急遽上升。作為高齡者的運動，是必須特別注意的。

　　另一方面，有一些訓練可以為高齡者、兒童、低體力者，解決如何在不使用過度負重的前提下，讓肌肉變粗、變大的課題。例如慢速訓練、加壓訓練、低強度等長訓練等等。

　　這裡將針對其中的慢速訓練進行說明。慢速訓練在學術上的正式名稱叫「肌發揮張力維持慢速法」（LST）。設計者谷本與石井最初的靈感，來自結合血流限制的加壓訓練。

　　在加壓訓練中，即使是 1RM 的 20% 的強度，也會發生肌肥大與肌力增加。推測是因為 ① 肌肉的血流限制、② 肌肉內缺氧造成的急遽肌肉疲勞、③ 生長因子的發現變化、④ 肌肥大依序發生（Ishii et al., 2012）等原因所造成。但由於纏繞細皮帶在肩膀與髖關節處來壓迫血管伴隨著危險性，因此必須要有證照才可以施作。要成為加壓指導者，必須通過講習與資格考試才行。

　　另一方面，即使在自然狀態下，慢速訓練若發揮 1RM 的 30 至 40% 的力量，肌肉內壓力的上升就會抑制肌肉血流，最終將能增加肌肉，這就是慢速訓練（LST）的原理。慢速訓練的特徵如下：

- 由於動作緩慢，因此對關節等部位不會造成負擔，可以用正確的姿勢進行。
- 肌肉是用自己的力量來限制其中的血流。
- 由於不是局部性的加壓，因此任何人都能安全進行。

　　筆者正式開始從事幫人打造健康的訓練指導工作，是在 1991 年。在這段超過 30 年的期間內，每當我指導高齡者或兒童時，一定會告訴他們，要把「安全考量」列為第一優先，然後才來面對最大的課題：「怎麼做才能得到最佳效果？」

　　2006 年問世的慢速訓練，是回答此問題的答案之一。這是一套任何

人、任何地點、任何時間、任何年齡，都能安全、迅速、簡單提高效果的絕佳訓練法。慢速訓練應該可說是高齡者追求一輩子健康、享受人生的絕招吧！

肌肉中有一種叫「肌脂蛋白」的蛋白質，這種肌脂蛋白基因被破壞的老鼠，比一般的老鼠更容易因高脂肪飲食而肥胖，也會罹患糖尿病。肌脂蛋白具有讓肌肉更容易產生熱能，以燃燒脂肪的功用。如果肌肉量少，肌脂蛋白也會比較少。

此外，目前也逐漸發現一件事，就是肌肉也會發揮內分泌器官的角色，分泌出似激素物質，這些物質統稱為「肌肉激素」。最先被發表出來的肌肉激素，是一種叫介白素 -6（IL-6）的細胞激素，據信具有以下這些作用：

① 腦部的抗氧化作用、保護神經細胞。

② 對脂肪細胞產生作用，促進脂肪分解。

③ 對肝臟產生作用，促進肝醣分解。

④ 動脈壁的抗炎作用（預防動脈硬化）。

最近新發現的「肌肉激素」中，則有「鳶尾素」。鳶尾素是透過運動由肌肉分泌出來的物質，能將「白色脂肪褐色化」，變成「米色脂肪」。這種米色脂肪細胞，是利用脂肪能量來產生熱能的脂肪，因此應該也可說是一種「容易消除的脂肪」。

此外，做肌力訓練能得到一些短期效果，經由感覺神經傳遞刺激到大腦，進而分泌腎上腺素、正腎上腺素、生長激素等等，以促進脂肪分解。

（b）預防運動障礙症候群

所謂的運動障礙症候群，指的是因為肌肉、骨骼、關節等運動器官的衰退或障礙，導致難以站立或行走，需要長期照護的高風險狀態。

　　造成運動障礙症候群的主因包括 ① 半身肌力衰弱、② 平衡能力衰弱、③ 骨骼或關節的疾病等等。① 與 ② 雖然是每個人都有可能因為年齡增長而發生的事，但可以靠著自身的努力加以預防與改善。③ 的骨骼或關節疾病包括退化性膝關節炎、腰椎退化性關節炎、風濕症等等，必須接受醫院的處置。

　　隨著年齡增長而發生的肌肉量減少與肌力衰退，稱作「肌少症」。**通常隨著年紀愈來愈大，肌肉量與肌力會逐漸減少，最終演變成肌少症。**平均來說，過了 20 歲以後，體脂肪就會開始增加，肌肉則是過了 30 歲以後開始減少，大約從 45 歲開始會很明顯地減少。

　　在運動障礙症候群的主因中提到的「下半身」，是最容易受到老化影響的部位。下半身的肌肉在到了 80 幾歲的階段，會減少到 20 幾歲時的一半。隨著肌肉日漸減少，不僅活動量會減少，更會陷入肌肉進一步減少的「負向循環」，提高跌倒、臥床不起的風險。高齡者肌肉量減少所造成的肌力衰退因人而異，有的人看起來比實際年齡還老，有的人則顯得年輕有活力。長期持續做肌力訓練的人，大部分都非常朝氣蓬勃。為了追求健康長壽，肌力訓練也是有效的方法。

（c）預防失智症

　　許多流行病學研究都顯示「運動具有預防失智症的效果」，其中最為人所知的研究就屬 Buchman 等人的研究（2012）。他們針對 716 名平均年齡為 82 歲的健康高齡者，進行為期 3 年的調查，調查運動追蹤器所記錄的日常活動量與阿茲海默症發病率之間的關係，並在報告中指出低活動量組的發病率，比高活動量組高出 2.8 倍之多。此外，Larson 等人（2006）亦針對 1740 名 65 歲以上的高齡者，進行為期 6 年的追蹤調查，最後報告顯示，每週至少 3 天走路 15 分鐘以上，失智症的發病率會變成約 0.6 倍。

　　雖然目前尚未完全釐清為什麼運動會有這樣的效果，但很多用小鼠或大鼠做的動物實驗都顯示，運動（跑步）會促進大腦海馬迴的神經細胞增

生，讓迷宮學習更有效率。由於大腦海馬迴是短期記憶的中樞，因此據信對於失智症與兒童的學習都有深刻關聯。

在動物實驗中，運動增加了腦源性神經營養因子（BDNF）的發現。實驗顯示，運動會使肝臟或肌肉分泌出類胰島素生長因子（IGF-1），不僅讓肌肉變粗、讓骨骼變強壯，同時也與腦中 BDNF 的增加有關。

此外，藉由運動從肌肉分泌出來的肌肉激素之一「鳶尾素」，有可能會促進海馬迴中的 BDNF 生成。因此，透過運動也有可能從肌肉分泌出預防失智症的物質，不過其中的相關性尚待進一步驗證。

據聞亞里斯多德曾說：「走路可以解決許多困難的問題。」或許其中的祕密就藏在肌肉中。

（d）健康壽命與肌肉

我們能以健康狀態存活下去的指標之一，包含「健康壽命」。所謂的健康壽命，就是能夠自立且健康生活的期間，而不會因為臥病在床、失智症等原因需要長期照護。

「健康壽命」＝「平均壽命」－「需要照護等支援的期間」

在日本，男女的平均壽命早已分別超過 80 歲與 86 歲，但健康壽命卻是男性 71 歲、女性 74 歲。也就是說，我們「在人生的最後階段，有一成以上的時間，必須依賴別人的力量才能生存下去」。解決「如何能在避免臥床不起的前提下享受人生」與「盡量縮短需要照護的期間」等課題，也是今後日本社會最重要的議題。至於解決方案之一，就是利用慢速訓練等方法來鍛鍊肌肉。

慢速訓練不僅會製造出乳酸，還會製造出腺苷或一氧化氮等物質。肌肉當中有感知這些化學物質的受體，那些訊號會傳送到大腦，再從大腦傳送到腦下垂體，並分泌各式各樣的激素。如果肌肉量變少，這些好處當然也會變少。

不肯活動身體的人，即使發自內心祈禱說：「老天爺啊，請讓我的身

透過肌力訓練，讓高齡者變健康

　　埼玉縣三鄉市（人口略少於 13 萬人）在 1998 年創立「銀髮元氣塾」，針對 65 歲以上的高齡者舉辦肌力訓練教室。為期 1 年的期間，每月在公民會館或體育館集合兩次，做任何人都能輕鬆、簡單做到的運動。

　　當時在這裡測量參加者的肌力，發現他們下半身的肌力年齡，在 1 年之間「平均年輕了 6 歲」。除此之外，調查全年醫療費用更顯示，參加後的 1 年內，「平均每人減少約 5 萬日圓」（約新台幣 11,000 元）。在筆者前往視察的 2002 年與 2010 年，參加者從 1500 人（2002 年）增加到 3000 人（2010 年），大家都很享受包含肌力訓練在內的健康體操。

- 參加者發自內心的笑容與笑聲。
- 員工充滿幽默感，再加上最棒的笑容，教學氣氛十分歡樂。
- 市長高度的領導力與笑容滿面的態度。
- 從教育長到相關職員所提供的真誠款待與對三鄉市的自豪。

　　如上的畫面至今依然深深烙印在筆者眼裡。如前文所述，即使過了 65 歲，肌肉依然可以透過訓練恢復年輕。相信肌力訓練會是支持今後邁向少子高齡化社會的一道「希望之光」。

體分泌出返老還童的激素吧！」那也是不可能的事。然而，藉由 10 至 15 分鐘左右的簡單慢速訓練，即可分泌出具有返老還童效果的激素。

　　為了延長健康壽命而每天投資在肌肉鍛鍊上，將會帶來遠遠超過付出的強力效能，那就是快樂。一開始或許也會感覺到痛苦難耐，不過同時也會感覺到專注於練習的快樂。練習得愈投入，快樂的感受也會愈強烈。做完肌力訓練後，不僅整個人神清氣爽，飯吃起來也特別美味，不過要注意別吃太多。當天晚上等著你的是一場好眠。除此之外，也會幫助排解、消除壓力，自然而然能產生正向的心情，持之以恆將會帶來快樂與效果。

　　為了一輩子健康，希望大家可以盡早開始做準備。我建議大家盡量趁著年輕的時候增加肌肉量，做好「存肌」這件事。

2017 年 2 月拍攝於軟銀鷹
春季訓練營

筆者本身今年已邁入 65 歲，不但感覺體力逐漸衰退，跟當年的健美運動員時期相比，肌肉量也減少相當多。不過藉由科學式的學習與實踐正確的運動知識，對於老化的不安逐漸轉變為安心與期待。我想用適合自己身體的最佳姿勢，持續地做肌力訓練。對於筆者來說，鍛鍊肌肉是豐富人生色彩、打造快意生活不可或缺的必要條件。

快樂且正確地打造肌肉，就是在打造身體；打造身體就是打造人格；打造人格就是在打造幸福；打造幸福就要從快樂且正確地打造肌肉開始。

繼「動保熱血」之後，我又自創了一個新詞。快樂且正確地打造肌肉的「樂」（TA）、打造身體的「體」（KA）、打造人格的「人」（NI）、打造幸福的「幸」（SHI）。（譯注：括弧中為日文的首字母發音）

把這些發音拼在一起，就成了「TAKANISHI」，也就是筆者的姓氏「高西」。雖然有點不知分寸，但如果各位能從腦海中想起「TAKANISHI」一詞，那將會是我無上的榮幸。

（4）兒童成長時該注意的事

近年來，由於生活環境變化等原因，兒童的體力有逐漸衰退的趨勢。之所以建議兒童做肌力訓練，也是出於這個緣故。

兒童做肌力訓練，目的是為了促進生長發育，充分激發兒童的能力。以下就來看看兒童在生長期間，身體或腦部會有哪些變化、生長階段的肌力訓練進行方式與重點，還有為了不阻礙生長發育，必須注意哪些事項。

（a）現代兒童的成長環境

1988 年 3 月，筆者在長崎縣長崎市江戶町開設專門指導肌力訓練的 MARUYA 健身房。訓練的目的大致上分成：① 緊實、② 預防老化，返老還童、③ 提升競技力、④ 健康管理、⑤ 促進兒童的成長發育、⑥ 病癒後的體力恢復。

健身房開設的這些年來，我也指導過國小、國中、高中生做肌力訓練，但我感覺這 30 年來兒童的體力逐漸衰退，尤其是肌力退化得特別明顯。到了 2000 年前後，我感覺高中生的體力衰退到開設當初的國中生程度，國中生則衰退到國小生的程度。1988 年前後的高中生在做深蹲時，可以很自然而然地保持軀幹固定。不過到了 2000 年前後，扛 20 公斤槓鈴就搖搖晃晃的學生大有人在。

1990 年代，我曾效力於以「提升競技力的肌力訓練」為主題的長崎縣競技力向上對策總部，並前往壹岐、對馬、五島列島等地提供訓練指導。不過，我在那裡親眼目睹少子化及高齡化的現實，並在離島深刻感受到「針對高齡者設計肌力訓練」的必要性。我同時感受到的是，離島兒童的體力似乎比在 MARUYA 健身房接受訓練的兒童還差。原先以為「離島的兒童比較身強體壯」，但這樣的想法在當時完全瓦解。

離島的生活環境與早期已經截然不同，社會環境變得既富足又便利。如果從小學開始，每天上下學都有專車接送，兒童的體力也會衰退得很快。智慧型手機或電動玩具的普及恐怕也是原因之一。即使放眼全日本也呈現同樣的趨勢，兒童的體力水平隨之下降是顯而易見的事實。

對於在現代環境中成長的兒童來說，肌力訓練不再是「不可以做的事」，而是「不可不做的事」。我能在此推薦的，也是慢速訓練。慢速訓練是專為高齡者或低體力者設計的肌力強化或復健運動，因此對兒童來說應該也是安全且做得來的運動。

（b）兒童的肌肉成長

關於肌肉成長，兒童可分成四個階段說明，分別是① 嬰兒、② 幼兒、③ 小學生以及④ 國中生。

① 嬰兒：在受精卵分裂增生的過程中，形成肌肉的細胞會移動到手臂或腳等不同部位製造肌肉。在出生的階段就已經製造出幾乎與成人相同數量的細胞。

② 幼兒：隨著肌肉細胞變大，身體也一天一天明顯長大。不過肌肉尚未出現快縮肌纖維與慢縮肌纖維的特性，全部都作為慢縮肌纖維使用（關於快縮肌纖維與慢縮肌纖維，請參閱頁 56 至 58）。

③ 小學生：到了小學中年級階段，終於可以將快縮肌纖維作為快縮肌纖維、慢縮肌纖維作為慢縮肌纖維使用了。擅長短跑的兒童與擅長長跑的兒童等特徵逐漸顯現。

④ 國中生：使用肌肉的方式幾乎變得跟成人一模一樣。不過由於這個階段是身體成長最快的時期，因此要像成人一樣鍛鍊肌肉還為時尚早。

為了守護兒童的成長並提供促進發育的環境，一定要知道這些事情才行。兒童要健康地成長發育，必須用身體來玩遊戲。

不過環顧我們現在居住的自宅周圍，幾乎都鋪上柏油路讓汽車行駛，讓兒童在那種地方遊玩是很危險的。現在的社會環境與早年不同，為了兒童健全的成長發育，必須由父母來打造環境。不過，若父母本身不注意營養或生活習慣、多運動保持健康活力，對孩子講什麼都無法期待任何效果。由父母親自體驗並加以傳達應該是很重要的，畢竟「孩子是看著父母長大的」。

（c）兒童的身體與大腦

在這樣的狀況中，兒童有可能在玩跳箱或跳繩時就骨折了，或者才摔

一下就受傷。

　　前些日子，軟銀鷹的武田翔太選手在做連續跳的訓練。那是一種把身體當作柔軟橡膠般使用的運動，把肌肉當成制動器，藉由吸收著地時的衝擊，往上跳得更高。可能因為他從小練習棒球，再加上經常在戶外玩耍，所以很懂得如何使用身體，做出柔軟的動作。

　　這是因為他的腦中已經被寫入了不要造成受傷或異常、跳高時正確的身體動作等程式。電腦是用鍵盤編寫程式，而人類可以用自己的身體把程式寫入腦中。反覆做跳箱或跳繩等運動，腦中的神經細胞就會透過突觸連接起來。經由如此打造出來的神經迴路，我們就能隨時做這樣的運動。如果只是一直在思考而不使用身體，無法達成這些事。因為運動相關的神經細胞，只有透過實作才能建立。

　　雖然我們是在下意識間使用身體，但其實這些全都是從我們出生開始，在活動身體的過程中，因為神經相互連結而培養出來的能力。舉凡學會使用筷子、學會投球、學會計算，一切都是連結神經細胞的作業。

　　為了在腦中寫入各種程式，讓身體記住正確的動作，前述的孩提時期遊戲也非常重要。兒童愈常在戶外玩耍，就能把愈多活動身體的方式寫入腦中。其中也包含學會如何使用身體，才能在跌倒時不至於受傷。

　　腦神經細胞在剛出生時是最多的，並隨著年齡增長逐漸減少。**人類有一段能在腦中寫入許多程式且最為有效的「黃金年齡」，就是從幼兒階段到小學低年級（7 至 8 歲）的年紀。**在這個時期最好多做一些投球、踢球、跳高、跳繩、騎腳踏車、後翻上槓、墊上運動等各種訓練。

　　這些全部都能算是這個時期的肌力訓練。雖然也可以學會深蹲或伏地挺身等正確姿勢，但只能靠自己的體重進行。

　　有一個腦科學實驗如下：把老鼠養在兩種環境裡，分別是有玩具的環境與沒玩具的環境，結果顯示養在有玩具環境裡的老鼠，其大腦的海馬迴中，與記憶有關的神經細胞數量多了 15％，「增生能力」也達到兩倍以上。老鼠恐怕只是全心沉浸在玩玩具的樂趣當中而已。可見活動身體的快樂遊戲，似乎也有助於提高記憶力。

（d）兒童的階段式肌力訓練

　　在兒童的肌力訓練中，主要分成以下四個階段逐步加強訓練。每階段各有適合的「目的」與「負荷強度」（鉛塊重量），如下：

① 幼兒期到升上小學前。

指導小朋友的現場

② 小學低年級到中年級（黃金年齡）。

③ 小學高年級到國中生（成長期）。

④ 高中生。

　　① 時期的目的，比起鍛鍊肌肉，更著重於把（站、蹲、走、跑、吊、推、拉等基本動作與跳、滾等應用動作）正確的肌肉使用方式或關節使用方式編寫入腦中，同時刺激相關的肌肉生長。在做完肌力訓練後，盡量讓他們到戶外用身體玩樂。負重就是自重。

　　② 時期的目的與幼兒期相同，就是學會正確的肌肉使用方式或關節使用方式。由於這個時期是能獲得許多運動程式的巔峰階段，因此要讓他們比幼兒期更常使用身體來玩遊戲。同時也是最適合開始做體育運動的時期。這個時期的負重也是自重。

　　③ 時期的目的（因為是在肌肉產生快縮肌纖維與慢縮肌纖維的功能

姿勢的基本原則適用於大人和孩子

分化以後）是像成人一樣，讓肌力訓練的效果能慢慢顯現出來。另外，也可以針對常做的體育運動，鍛鍊所需的肌肉。不過因為這段時期與成長期重疊，所以請不要一下子就給予過重的負重。若負重超過體重時，可以使用裝水的寶特瓶或彈力繩。到了國中的階段，用輕的槓鈴也可以。

④ 的時期會以強化肌力為目的做訓練。肌肉透過肌力訓練逐漸變粗、變壯的過程，也開始能親自確認。可以期待得到與成人一樣的肌力訓練效果。這個階段也可以像成人一樣，使用槓鈴或機械做訓練。

重要的是，要正確地判斷「兒童正處於發育的哪個階段」。如果判斷錯誤，不僅不會提升效果，有時甚至會造成負面影響。

「兒童的成長因人而異」這一點，也請有所認知。判斷兒童發育階段比較困難的時期，大概是相當於成長期的 10 至 12 歲。有些小朋友的身體發育可能才 8 歲左右，有些可能已經到 13 歲了。也有些孩子即使是國中生，也必須採用小學生用的訓練，或即使是高中生，也必須採用國中生用的訓練。

我們大人有責任要幫助兒童健康成長並促進發育。為了激發出兒童的可能性，必須要由具備正確知識的大人助他們一臂之力。

（e）兒童肌力訓練的注意事項

兒童肌力訓練的注意事項，最重要的還是不要妨礙到生長發育。然後才是讓兒童所擁有的能力發揮到極致。兒童並不是「小大人」。父母、運動指導者或相關人士，都必須具備關於兒童身體的正確知識，並且知道在幼兒、國小、國中、

孩子要從不會造成負擔的重量開始

高中的各個時期，分別該做哪些訓練的標準。

　　肌力訓練也要選擇能促進健全成長的項目，以學會正確的姿勢為第一優先。**正式的肌力訓練要等到成為高中生，確定成長期結束以後再開始。**

　　竹子從竹筍開始成長時，最初是以柔軟的狀態生長，然後才變成堅硬的竹子。如果竹子在中途受傷，就無法成長為直挺高大的竹子。人類的身體也一樣，如果骨骼或關節在成長時受傷，就會阻礙生長發育。

　　在我以前看過的兒童 X 光片或照片中，有些孩子才小學而已，骨骼或關節就變形了，令我大感震驚。我們必須注意避免因為錯誤的技術練習或訓練，毀掉兒童光明的前程。

（f）兒童肌力訓練的效用

　　做肌力訓練能讓兒童健康地生長，而且會有無限的「未來可能性」。我認為肌力訓練是替兒童創造出未來可能性的泉源。但願孩子們都能乘著自己打造出來的高性能時光機器，也就是肌肉，邁向閃閃發光的未來。

2.3 肌肥大的原理

（1）蛋白質代謝與肌肉再生

　　在肌肉透過肌力訓練變粗的過程中，有「蛋白質代謝」與「肌肉再生」這兩個機制在運作。前者是構成細胞的蛋白質在肌纖維中合成或分解的反應機制，後者是修復受傷的肌纖維或重新生成肌纖維的機制。

　　肌力訓練所造成的肌肥大，主要是從一條條肌纖維變粗而來。若比較快縮肌纖維與慢縮肌纖維，快縮肌纖維肥大的速度快了 3 倍左右，因此讓快縮肌纖維變粗，也被認為是特別重要的事。雖然肌纖維的數量也有可能因為肌肉再生而稍微增加，但目前還沒有可以加以驗證的研究方法，因此這裡僅針對肌纖維本身的肥大進行探討。

在肌纖維中，蛋白質的合成與分解會不斷上演。若按照一般的方式生活，1 天的總合成量與總分解量幾乎相等，因此肌肉的尺寸不會改變。這就叫做「動態平衡狀態」。

另一方面，一旦做肌力訓練，蛋白質合成速度就會上升，大幅超越分解速度。蛋白質合成的上升，大約在肌力訓練後的 3 至 6 小時達到巔峰，然後在 48 至 72 小時後恢復原狀。此外，如果攝取飲食（尤其是含有白胺酸的食品），肌肉的蛋白質合成就會增加。如果在做完肌力訓練後飲食，蛋白質的合成又會比單獨做肌力訓練的情況更加活性化。由此可知，訓練與營養是讓肌肉發達缺一不可的「兩大要素」。

另一方面，肌肉再生與肌力訓練所造成的肌肥大，又有什麼樣的關聯呢？肌肉再生的主角為「肌衛星細胞」，是一種幹細胞（參見頁 22，第 1 章圖 1.9）。這種細胞附著在肌纖維的表面，更正確來說是在細胞膜與「基底膜」之間，通常每條肌纖維平均有 7 至 10 個細胞。主要功能就是在肌纖維受傷時修復肌纖維，或是在傷口很大的情況下，製造新的肌纖維。不過這種細胞也有能力分化成肌纖維以外的細胞，在不同的刺激下有可能變成脂肪，也有可能變成骨骼。

如果加上有效的肌力訓練刺激，活動後的肌纖維會分泌出第一型類胰島素生長因子（IGF-1），或一種叫「機械生長因子」（MGF）的生長因子（「滲出來」或許是更正確的說法）。這些生長因子會從外側刺激肌纖維本身，並使肌纖維中的蛋白質合成活性化，同時促進肌衛星細胞的增生。在肌纖維發生損傷的情況下，含有這些生長因子的細胞內物質，更容易被釋放到細胞外，肌衛星細胞也會被強烈地活性化。

此外，肌纖維會不斷分泌一種叫「肌肉生長抑制素」的生長因子。肌肉生長抑制素與 IGF-1 相反，會抑制肌纖維中的蛋白質合成，並強力阻止肌衛星細胞的增生，所以可以形成「抑制肌肉過度發達的物質」。若給予有效的肌力訓練刺激，這種肌肉生長抑制素的生成量會減少，以結果來說，會造成肌肥大。

最近的理論則是認為，增生的肌衛星細胞會先分別融合，製造出「肌

管」，是一種類似細肌纖維的構造，接著肌管有可能直接成長為新的肌纖維，但在一般的肌力訓練情況下，會與相鄰的肌纖維融合，最後由於原本肌纖維中的「核」數量增加，因此就製造出容易使肌纖維變得肥大的狀況。肌纖維原本就是一種擁有許多核的「多核體」（一條肌纖維有 500 至 700 個核）。每個核各自都有相當於「地盤」的可支配領域，由於這個領域不算太大，因此肌纖維的尺寸會受到核數制約。所以核數若增加，肌纖維就有可能變得肥大。

這些過程的實際發生情形，已經在「基因改造實驗」中得到實證。例如把設計成大量生成 IGF-1 的基因注入肌纖維中，會發生肌肥大。此外，如果注入的基因會生成大量阻礙肌肉生長抑制素的蛋白質，就會發生顯著的肌肥大。兩種都是在不用做肌力訓練的情況下就能造成肌肥大，因此可以期待對重度肌少症或癌症患者的肌肉萎縮治療有效，但若被濫用到運動上就糟糕了。

肌力訓練造成的肌肥大機制，雖然目前尚未完全釐清，但據信上述的蛋白質代謝變化，或讓肌內生長因子的發現產生變化的訓練，都是有效果的。頁 45 介紹的「加壓訓練」或「慢速訓練」，都顯示實際上會發生這些變化。

（2）核糖體的活性化與合成

蛋白質合成是在細胞中的核糖體（一種胞器）內進行。在每個核糖體中，會根據從基因讀取到的各種蛋白質「設計圖」（mRNA）把胺基酸排列成鏈狀，這就叫做「轉譯過程」。核糖體可說是「蛋白質合成工廠」。

肌力訓練會刺激核糖體活性化，也就是「打開蛋白質合成工廠的開關」，增加蛋白質合成。與此開關有關的細胞內化學反應，是一種叫做「mTOR 訊息傳遞」的連續反應。mTOR 訊息傳遞會因前述的 IGF-1 而活性化，並受到肌肉生長抑制素的抑制。此外，也會因白胺酸而活性化，在肌纖維內肝醣減少等「能量不足」的狀態下，則會受到抑制。

　　關於力學上條件與 mTOR 訊息傳遞的關係，雖然尚未經過充分的探討，但據信衝量（作用力 × 作用時間）是重要的因子之一。作用力即使不大，但作用時間長的「慢速訓練」，其效果的祕訣或許就藏在這裡。

　　最新研究也發現，肌力訓練的刺激會使肌纖維內的核糖體數量增加。換言之，肌力訓練不僅能打開蛋白質合成工廠的開關，還能帶來加蓋工廠的效果。如果想要「徹底強化肌肉」，增產蛋白質的工廠是否足夠應該是個重點。核糖體合成是在什麼樣的機制下發生，將會是今後的研究課題。

（3）肌肉有記憶嗎？淺談「肌肉記憶」

　　持續做肌力訓練多年的人，即使因為某些原因暫停訓練 3 個月導致肌肉萎縮，但只要重新開始訓練，大約 1 個月就能恢復原狀。這應該可推測是肌纖維核數增加後的結果。這種狀態又稱「肌肉記憶」。

　　如前所述，一旦做肌力訓練，肌纖維受到刺激，周圍的肌衛星細胞就會增加並融合到肌纖維中，增加肌纖維中的核數。目前已知，一旦在肌纖維的核數增加且肌肉肥大的狀態下暫停活動，肌肉就會急速萎縮，但增加的核數不會立即減少。若在這種狀態下透過肌力訓練給予刺激，由於肌纖維已經保有許多核，因此立刻就能恢復原本的粗度。

　　問題應該是「肌肉記憶」究竟會維持多久時間？以老鼠的肌肉來說，核數較多的狀態至少能維持 4 個月，但人類的部分至今依然不清楚。**若單純從人類與老鼠的壽命來推算，人類將能維持 10 年以上。**現階段能夠斷言的，就是最好從年輕時起，就確實做好肌力訓練（打造肌肉），為將來做準備。到了高齡階段，如果碰到需要復健的情況，也有可能盡早恢復。

（4）構成「訓練刺激」的五個要素

　　將前述的微觀機制與實際肌力訓練刺激相互結合的要素，可以想到以下五種。這些可說是與實際訓練方法或系統深刻相關的要素，包括：

① 機械應力（力學性刺激）
② 代謝環境
③ 氧氣環境
④ 激素與生長因子
⑤ 肌纖維的損傷與再生

　　肌力訓練的標準形式包含 10RM 法（參見頁 64 至 65）。這種訓練法是採用最多只能連續重複 10 次的重量，透過臥推或深蹲等項目來挑戰重量，著眼點在於施加機械應力。肌肉主要由快縮肌纖維與慢縮肌纖維所構成，會變大的主要是快縮肌纖維。快縮肌纖維的爆發力強，可以快速產生很大的力量；慢縮肌纖維無法產生很大的力量或速度，但持久力較佳。在一般的肌肉運動中，為了使用快縮肌纖維，本來就需要發揮較大的肌力。因此，基本上一定要做使用高重量的訓練。

　　在高強度的訓練中，肌纖維的損傷與再生也占有一席之地。**讓肌肉產生細微損傷再重新修復，肌肉就會變得更大、更強。**目前已知肌纖維的微小損傷，例如在做深蹲或臥推時，容易發生在一邊忍耐、一邊往下放的（離心）動作時。

　　此外，在慢速訓練或加壓訓練中，也與代謝環境或氧氣環境相關。使用較輕的重量緩慢運動，並持續出力，以對目標肌肉產生作用，如此一來血流就會受到限制，並逐漸形成低氧狀態。一旦形成這樣的狀態，需要氧氣的慢縮肌纖維就無法活動，即使負重很輕也得使用到快縮肌纖維。

　　近來逐漸發現的事情是，即使是輕重量的快速動作，只要做很多遍到極度疲憊不堪的程度，就會使用到快縮肌纖維，使肌肉變大。基本上，只要讓快縮肌纖維被操練到非常疲勞的程度，就會產生肌肥大，而這種乍看之下理所當然的事，其實一直到最近才在研究中證實。只是這種方法實際上是「非常痛苦」的訓練。

　　另一方面，如果只做 1 至 4RM 負重強度極大的訓練，對肌肉似乎無法帶來足夠刺激。要持續反覆出力到一定程度，讓肌肉消耗大量能量（訓

練容量）是很重要的。這種代謝環境與機械應力同樣都是重要的要因。

2.4 肌力訓練的理論

（1）肌力訓練中的健力三項是什麼？

（a）健力三項與肌力訓練的目的

身體有所謂的三大肌群，即腿、胸、背。這些肌肉對於我們每天能健康生活，或在運動中表現活躍有很大的貢獻。為了鍛鍊這些肌肉群，使用自由重量的槓鈴進行的基本肌力訓練，有以下三個重要項目，這些項目又稱健力三項：

① 深蹲（腿）
② 臥推（胸）
③ 硬舉（背）

只要用符合訓練科學的正確姿勢做這些項目，即可大幅增加三大肌群個別的肌肉量。

正如本章所述，肌力訓練有各式各樣的目的，例如緊實、預防代謝症候群、預防運動障礙症候群、預防肌少症、預防失智症、健康管理、提升競技力、促進兒童的成長發育、病癒後的體力恢復等等。如果想要追求這些目的，並在最短的期間內，以最少的努力換來最佳效果，鍛鍊特別重要的三大肌群是很合理的事。在某種程度上，健力三項也能同時鍛鍊到其他像是肩膀、手臂或腹肌等小肌群。

當然，直接給予各個小肌群刺激的訓練也很重要。例如小肌群的基本項目包括：使用槓鈴的頸後肩推（肩膀）、彎舉（肱二頭肌）、仰臥啞鈴推舉（肱三頭肌），腹肌的項目則包括捲腹、仰臥起坐還有抬腿等等。

此外，在做健力三項時，高齡者、兒童以及體力衰弱者，用輕量啞鈴

或自重訓練也是一大重點。靠自重做印度深蹲或早安運動等項目，或用伏地挺身代替臥推都很有效。注意安全並選擇符合自己體力的訓練很重要。

（b）健力三項與軀幹的關係

然而，我在鍛鍊健力三項時發現一件事，就是關於軀幹（胴體：核心）的強化。在競技運動中，由髖關節產生的骨盆周圍的力量，必須通過軀幹順利傳遞到四肢。如果軀幹貧弱，好不容易才產生的巨大力量，會在傳遞的過程中逐漸變小。如此一來，將無法妥善運用軀幹作為軸心，並導致表現不佳。

軟銀鷹有位 18 歲入隊的年輕選手，從 50 公斤／ 10 次全深蹲開始練習，1 年後練到可以用正確的姿勢做到 100 公斤／ 10 次全深蹲。在那段期間，球速飛躍式地從 140 公里／小時提升到 150 公里／小時。雖然也有技術力的提升，但由此可知，藉由深蹲強化軀幹也有助於球速的提升。

軟銀鷹每個月都會測量身體組成，結果發現不僅是腿部而已，軀幹的肌肉量也會隨之增加。當然，這也包含做臥推或俯身划船等訓練所得到的結果。用體脂計測量可確認體脂肪率或骨骼肌率，也能正確得知肌力訓練進行得是否順利。

（c）氾濫的資訊

近來除了書籍或大眾媒體上的資訊，SNS（社群媒體）上也充斥著各種資訊。相信也有愈來愈多人被這些氾濫的資訊弄得暈頭轉向。

在我指導肌力訓練的現場，資訊也持續不斷地流通。這些資訊往往混淆不清，令人不禁思考，採納這樣的資訊真的能提高訓練效果嗎？還有這些能確保安全嗎？

為了選擇對自己有益的內容加以活用，而不被如此氾濫的資訊弄得暈頭轉向，必須具備符合科學邏輯的基礎知識來判斷這些資訊。尤其是必須學習符合生理學的基礎知識，與肌力訓練的基本理論來進行判斷。

根據我在現場觀察，包含軀幹訓練在內的預備運動訓練指導內容，每

年都會納入新項目。對於刻意運用各種器材來做到更多細緻動作的內容，我曾覺得非常精彩。肌力訓練中納入臀推或保加利亞深蹲等項目的情形也愈來愈多。

　　不過令我在意的是，不做深蹲這種基本項目，反而單做細部訓練的趨勢也逐漸顯現。有的選手好不容易靠全深蹲增加肌肉量，卻在暫停之後又恢復原狀。

　　在深蹲中，我希望大家可以做大腿呈水平狀態的平行蹲，或是蹲得更深的全深蹲，並且持續提高紀錄。**持續提高深蹲的紀錄，就是持續強化腿部肌力；持續強化肌力，就是增加肌肉量。**

（d）以健力三項為中心來選擇訓練項目

　　實際進行肌力訓練時，要先從項目的選擇開始。由於人的肌肉超過400 種，因此與那些肌肉相應的項目，同樣也有許多種。現實上要一一執行是不可能的事。首先必須理解，什麼樣的項目才是相應的項目。

　　肌肉大致上可分成腿、胸、背、肩、臀、腹等六個部位，以健力三項為首，每個部位都有最能讓該部位肌肉發達的基本項目。然後在選好相應的項目後，必須決定訓練的順序。原則上要先從大肌群開始，然後再做小肌群。如果先從小肌群開始，大肌群就無法充分發揮力量。比方說先做完啞鈴推舉（肱三頭肌）再做臥推（胸），手臂就會因累積疲勞而無法使用高重量做訓練。

　　選好項目並決定順序以後，就要執行訓練處方（頻率、強度、時間）。頻率即「每週做幾次」，強度即「要使用多重的重量」，時間則是「要做多少組數與次數」。所謂的訓練處方，就是在決定這些事。

（2）如何有效地激發效果？

　　在按照決定好的計畫展開訓練時，為了激發效果，基本原則就是全部項目都要用正確的姿勢進行。筆者把訓練姿勢分別整理成①預備姿勢及

②動作。②的動作包含「呼吸」與「速度」。先決定好這些細節再做訓練，才能將效果提升到最高。提高效果就是增加肌肉量，就是提升肌力。

為了安全起見，必須運用解剖學來了解骨骼或肌肉的結構性機制，以檢視姿勢。此外，為了激發效果，必須利用重力或「槓桿原理」的力學（物理學）角度，來了解物體的運動機制。然後為了進一步提升安全性與效果，必須理解以生理學為基礎的身體功能性機制。②的動作中的「呼吸」與「速度」，就是從生理學與力學的觀點來納入的。

最後就是適當地組合這三個觀點，設計出對實踐者來說，既安全又最有效的姿勢。

（3）肌力訓練的真理

如前文所述，打造肌肉所需的刺激，包括機械應力、代謝環境、氧氣環境、激素與生長因子、肌纖維的損傷與再生共五種。能夠同時以最高水平達成全部五種刺激的訓練法，至今尚未有人發現。如果有，相信會是獨一無二的訓練法，且堪稱是完美至極的肌力訓練，但很可惜的是，那樣的訓練法並不存在。理解上述五種刺激所造成的肌肥大機制，並因時制宜地妥善利用，對實踐者來說，就是能激發出最高水平效果的訓練。

運動選手為了提升競技力所做的肌力訓練，適合以 8 至 10RM 的訓練挑戰較重的負重。所謂的 8 至 10RM 就相當於 75 至 80％的 1RM。RM 即最大反覆次數，1RM 指的就是 1 次反覆所能舉起的最大重量。

不過作為高齡者或兒童的訓練，這反而容易引起受傷或異常，當作促進健康生活或生長發育的訓練也是有問題的。

高齡者、兒童以及體力衰弱者，最適合的應該是「慢速訓練」。**該訓練的重點是在肌肉用力的狀態下，用緩慢的動作持續進行**。深蹲時花 3 秒的時間等速度蹲下，再花 3 秒站起來。站起來時不要把膝蓋完全伸直，然後在大腿用力的狀態下再次蹲下。根據研究結果，用 1RM 的 50％做慢速訓練，效果相當於用 1RM 的 80％做普通的訓練。

　　競技運動員或一般成人的訓練項目，要選擇健力三項（深蹲、臥推、硬舉）等基本項目。筆者也曾考量到腰痛因素，採用對闊背肌也有效的俯身划船代替硬舉。硬舉主要是豎脊肌的運動。

　　這些項目乍看之下過於單調、缺乏樂趣，但其效果已經過科學根據與經驗的證實。其實在簡單又單調的動作中，藏著以安全第一為前提，能在最短時間內得到最佳效果的祕訣，以及激發出有趣或令人玩味之處。

　　肌力訓練的本質是為了打造肌肉，而為了將打造肌肉的好處發揮到極致，必須選擇最適合每個人的訓練法。

　　綜上所述，肌力訓練中有堪稱真理的基本項目，能在最短時間內獲得最好的效果。雖然我也會讓學員改做其他項目，但似乎不一定會得到效果，可能要很努力才能維持肌肉量，有時肌肉量甚至還會減少。

第 3 章 | 肌力訓練的實踐

3.1 訓練的原理與原則

與運動有關的肌肉功能，大致上可分為以下三種：

① 肌力

② 肌耐力

③ 柔軟度

為了有效率地提高這些功能，必須理解訓練的「三大原理」：

① **超負荷原理**：即必須給予比目前生活的水準更強的刺激。以運動選手來說，就是一邊接受遠高於日常生活水準的刺激，一邊做技術練習。因此，必須透過補強訓練給予超過技術練習的刺激，使身體做出抵抗（超負荷）。換句話說，除了專業競技的練習，還要做肌力訓練或長跑等運動，好讓身體受到的負荷超過在競技練習中所承受的負擔。

② **特異性原理**：即訓練的效果只會出現在受到刺激的體力要素上。舉例而言，即使透過肌力訓練提升肌力，但如果沒有練習長跑，肌耐力也不會改變。可能也有人會想說，想要透過長跑一併提升肌力，不過如果要提升肌力，還是做深蹲比較能得到更為確實且強力的效果。

③ **可逆性原理**：即一旦停止訓練，體力就會回復到原本的水平。此一原則不僅適用於肌力，對於肌耐力或柔軟度也是一樣的道理。訓練必須要持之以恆，否則會逐漸失去效果。

這些與體力要素相關的三大原理，可以說是所有訓練都共通的原理。除此之外，還有以下五種所謂的「訓練原則」：

① **意識性原則**：即「具備高度的意識投入訓練」。理解以生理學為基礎的訓練三大原理，然後依照目的建立合適的訓練計畫，並持之以恆地努力實踐。

② **全面性原則**：即「全面性且均衡地提升體力要素」。在訓練過程中，必須均衡提升肌力、肌耐力與柔軟度，而不是只偏重其中一種。在肌力訓練中，則必須毫無遺漏地訓練各部位（腿、胸、背、肩、臂、腹）的肌肉。

除此之外，還有補充全面性原則的「專門性原則」，也就是配合專門競技的特性，重點式地針對該競技特有的體力要素做訓練。專門性原則必須在以全面性原則為基礎的前提下遵循。

③ **個別性原則**：即訓練計畫的內容應「依照訓練者的個別性做決定」。舉例而言，如果是以提高肌力為目的，那麼用 80 公斤的重量做臥推，對於能做到 100 公斤／ 10 次的人來說就太輕了，對於能做到 50 公斤／ 10 次的人來說就太重了。必須按照每個人的肌力進行調整。

④ **漸進性原則**：即隨著訓練的進行，「逐步調高強度或量」。如果一直做同樣的重量與次數，久而久之將不再進步。

⑤ **反覆性原則**：即訓練要「規律地反覆進行達一定期間以上」。為了讓訓練能見到成效，必須持續進行。另一方面，也必須避免訓練過度或過量。當持續訓練卻不再見到效果時，適時「休息」也是非常重要的事。

3.2 訓練的負重

肌力訓練也稱作重量訓練或阻力訓練。使用負重（抵抗、阻力）的鉛

塊（重量），施加機械應力（力學性刺激），讓肌肉變粗、變壯。

　　自由重量的槓鈴或啞鈴、各種機械、彈力繩等形形色色的器材，都可以用來當作負重。最近也有使用鐵鍊或水袋的訓練。此外，也可以用自己的體重（自重）來訓練。

　　基本的負重就是自由重量、機械與自重三種，**其中對運動的動作或日常生活動作有幫助，能有效增加肌肉量的，就是使用槓鈴或啞鈴的訓練。**

3.3 自重訓練

　　我們生活在地球中，時時刻刻都受到重力的影響，自己的體重（自重）會持續對我們造成負荷。也就是說，「負荷」的原點可說是自己身體形成的「重力」。

　　對於高齡者、兒童或體力衰弱者來說，先用自重做訓練是比較有效的。理解關節的構造並正確地運動也很重要。自重訓練包含這些項目：自重深蹲或跨出單腳向下蹲的弓箭步等，可用來強化腿部肌力，使人穩穩站立；使用髖關節與膝關節的深蹲；運動到胸部的伏地挺身，使用的是肩關節及肘關節；背部運動的代表「引體向上」，使用的是肩關節及肘關節。

　　每一種項目都能改變關節的角度、可動域或運動的速度等等，來調整負重的強度。

3.4 自由重量與機械

（1）自由重量與機械的優點及缺點

（a）自由重量

所謂的自由重量，指的主要是槓鈴或啞鈴（見圖 3.1）。自由重量的

優點,首先是「訓練效果好」。此外,由於沒有任何支撐的東西,只能在重力影響下靠自己本身的力量,把負重上上下下地建構動作軌道,因此可以在接近日常生活或實際運動動作的狀態下進行訓練。只是如果不用正確姿勢進行,就無法獲得明顯的成效。

在自由重量中,啞鈴的可動範圍或動作的自由度又比槓鈴更大,取得平衡的方式也比較困難。因此重量的提升也比槓鈴慢,不太容易激發人的鬥志。與啞鈴相似的還有壺鈴,但使用壺鈴的訓練主要是軀幹或深層肌肉的訓練,稍微偏離直接性的肌肥大或肌力增強等目的。

單靠槓鈴可以做到以下各種類的訓練,也可說是優點之一。

① 腿:深蹲

② 胸:臥推

③ 背:俯身划船或硬舉

④ 肩:頸後肩推

⑤ 臂:彎舉或法式彎舉

此外,在準備器材時也不需要支出太多費用,空間上也不用太大。缺點是「危險性與難度」。自由重量只能靠自己的身體支撐,因此一不小心失誤掉落,有可能嚴重受傷。此外,如果用錯誤的姿勢進行,也有可能造

（a）　　　　　　　（b）　　　　　　　（c）

圖 3.1　槓鈴（a）、啞鈴（b）、壺鈴（c）

成受傷或異常。

　　如果想要充分發揮效果，也需要時間學習正確的姿勢，可以參考書籍或請專業指導者幫忙檢視。如果姿勢錯誤，不僅有可能造成急性外傷，也有可能引起慢性障礙。一旦開始挑戰重量，精神上的壓力也會愈來愈大。

　　理解以解剖學或物理學（力學）為基礎的姿勢，會大幅影響外傷或障礙的預防與訓練效果。

（b）機械

　　機械包含重量堆疊式、氣壓或油壓式、槓片式等類型。此外，最近流行的 Freemotion 功能性機械，可以用纜線做到各種角度的訓練（見圖3.2）。雖然好像也有人是以肌肥大或強化肌力為使用目的，不過這種可說是以復健為主要目的之機械。

　　機械的優點是「易用性與高度安全性」。不需要別人教學，只看使用說明書也能輕易展開訓練。此外，運動的軌道是用滑軌、裝有軸承的接合零件或滑輪加以支撐，因此可以安全地進行訓練。**缺點是跟自由重量比起來，訓練效果比較小**。相較於直接接受刺激的自由重量，訓練帶來的刺激多少都會分散到機械上。另外還有負荷會因摩擦而變小，以及運動軌道固定，無法做到其他的動作。

（2）自由重量的肌肉出力　　與負重方式

　　此處以自由重量中的啞鈴彎舉為例來思考。在啞鈴彎舉中，手肘一開始是伸直的狀態，然後由肱二頭肌收縮出力，彎曲手肘。此時，肘關節周圍會發生旋轉運動。請看下方圖 3.3 的圖表。

圖 3.2　功能性機械

·運·動·博·士·小·專·欄·

啞鈴的優點與缺點

對於肌力訓練來說，啞鈴是極為有效且不可或缺的器材。優點是自由度比槓鈴高。槓鈴在動作途中無法將手臂內旋或外旋，因此會對關節造成難以避免的負擔。從這個角度來說，啞鈴就可以運動得比較自然。缺點也是因為自由度高，所以為了讓動作更穩定，容易受到輔助肌的影響，使得能應付的重量變低，這是無可避免的事。

若是這樣，啞鈴可說是「對關節友善」的訓練器材嗎？恐怕也未必如此。反而在啞鈴愛好者中，似乎很多人的手肘有退化性關節炎。

我的推測是，當從地上舉起啞鈴到預備位置時，通常會使用反作用力一口氣舉起來。如此一來，要讓啞鈴靜止下來時，手肘就會承受強烈的負擔。經年累月下來，關節軟骨有可能逐漸磨損，造成關節內發炎，並演變成慢性疾病，日益退化。使用其他機械時也一樣，如果靠反作用力一口氣做出大動作，會在一瞬間對關節造成莫大負荷。刻意避免這樣做而用比較緩慢的速度移動者，我想關節的變化也會比較少。關節退化或許也與這種使用方式所造成的非外力物理性因素，也就是本能上的條件有關，不過目前尚未得到證實。

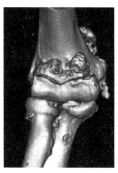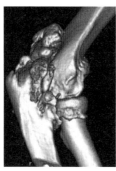

63 歲男性，訓練經歷超過 40 年。可動域受限於伸展負 20 度、屈曲 110 度，疼痛感也很強烈。圖中可以看到關節內有許多游離體與骨刺。

　　一邊改變關節的角度，一邊測量手肘能朝屈曲方向發揮的最大肌力（旋轉力＝力矩），圖形會呈現像倒置的碗一樣的山形曲線。手肘完全伸直時是 0 度，彎曲手肘到力量最巔峰是 60 至 70 度。超過之後又會開始下降，直到手肘呈現完全彎曲的狀態（約 150 度）（A）。

　　另一方面，實際施加的重量（負重）會因為槓桿原理，在關節角度呈 90 度時最大（B）。然而，肱二頭肌使出的肌力如前所述，在 60 至 70 度達到最大。肌肉出力的模式與重力所造成的實際負重模式不一樣。重量愈重，能夠使出最大肌力之處與負重最大之處的差異愈大。會出現這樣的差異可說是自由重量的宿命，但了解這個事實以後，也能知道怎麼做才會更有效果（刺激目標肌肉）。

　　到了中、高階者的程度，用來彌補的手段就是使用反作用力的作弊模式。在作弊模式下，會在動作的一開始就使用反作用力，舉起在不使用反作用力的嚴格模式下，所舉不起來的重量。因此，中間會借力舉起來而不易造成負擔。不過，一邊忍耐一邊放下時（離心）的最大肌力，會是舉起時（向心）最大肌力的 1.4 至 1.5 倍，因此可以在一邊忍耐一邊回到原位時，以嚴格模式下舉不起的重量來施加負重。如此一來，即可進一步放大訓練的效果。我想若光靠不使用反作用力的嚴格模式，有可能訓練到某個程度以後，肌肉的生長就會瀕臨極限。

　　另一個手段則是一邊把上半身向後挺，一邊進行。這樣一來，由於比較容易出力，因此即可順利舉起。這些是中、高階者適用的有效技巧。

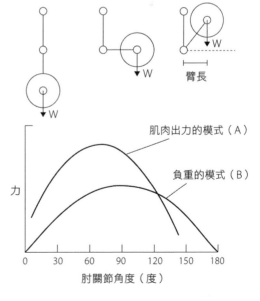

圖 3.3　啞鈴彎舉中的肱二頭肌出力模式與負重模式（石井，1999）

初階者先採用不使用反作用力的嚴格模式，然後記住發揮效果的訣竅。接著等到肌力不再提升時，再開始採用使用反作用力的作弊模式，如此即可增加負重並發揮效果。把上半身向後挺的方法也一樣。不管是作弊模式或上半身向後挺，都是要先擁有能發揮效果的技術，才來考慮採行的方法。

（3）在自由重量下，配合目的調整姿勢

臥推是自由重量的代表性項目。首先，我們來思考臥推的握距（握法）。通常臥推的握距（握法）是以「肩寬的 1.6 倍」為基本原則。也有報告指出，這樣的握距能發揮最大的「推力」。**不過，握距也可以配合目的進行調整。寬握對胸肌有效，窄握對手臂（肱三頭肌）有效。**

圖 3.4 是比較臥推在寬握的情況下（a）與窄握的情況下（b），肩關節周圍的力矩。從力學上來說，肩關節是支點，握位是施力點。若從槓桿原理來想，在同樣的重量下，握距愈寬，肩關節旋轉的角度也愈小，但力臂長（圖中以 L、L' 來表示）、肩關節周圍的力矩也會變大。換句話說，握距愈寬，可以對胸大肌造成愈強的刺激。另一方面，肱三頭肌的動作與負重則會變小。因此，我們無法輕易判斷，這種寬握是否適合用來當作運動員的補強訓練。必須根據不同的案例去思考，「握距」具體上會對

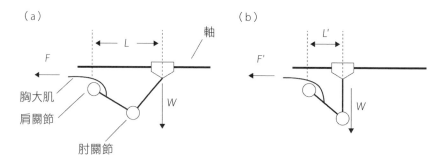

圖 3.4 寬握（a）與窄握（b）臥推的肩關節周圍的力矩。力矩
即 W×L（a）、W×L'（b）。（石井，1999）

競技運動造成什麼樣的影響才行。

　　反之，當握距較窄時，對胸大肌造成的負荷會變小。另一方面，當槓離開胸口到手肘伸直為止的移動距離會變長，肩關節的動作較大，會對肱三頭肌造成很大的負擔。

　　臥推的姿勢調整與肩胛骨、胸廓、脊椎、骨盆的柔軟度，還有胸廓的厚度或肩寬等骨骼條件，以及身材纖細或肌肉發達等體型條件都有關聯。

（4）健力三項的姿勢

　　有一種競技運動叫健力，是由自由重量的「三大項目」，即深蹲、臥推、硬舉所組成。健力競技中的臥推，有關於握距的規定，是「左右手虎口距離要在 81 公分以內」。最近的 20 公斤槓上，幾乎都在 81 公分處刻有力環作為標記（見圖 3.5）。

　　在健力競技中，即使是日本人也有可舉起驚人重量的選手。他們採用寬握，對胸大肌造成很大的負擔，同時挺起胸膛充分打開胸廓，收起肩胛骨，讓脊椎大幅度地向上挺，使軀幹呈現縱向的拱形。藉由這種方式，縮短胸口與槓在手肘伸直狀態下的距離。健力選手都會像這樣努力嘗試舉起更重的重量。

圖 3.5　槓鈴的槓身，可看見槓身上刻著記號（即▽）。

日本前健力冠軍吉田進（現為重訓健身房「力量之家」的主理人）在其著作中提到，為了舉起高重量，「決定姿勢的三大要素」為：

① 讓槓鈴的移動最小化

② 一次使用許多肌肉

③ 讓關節的活動最小化（吉田，2010）

凡是成功舉起驚人重量的日本或世界頂尖舉重選手，他們的姿勢都深具美感。健力競技中的理想姿勢，可說是藉由這三大要素發揮自己的強項，並取得絕妙協調的平衡姿勢。

相對於此，想要盡量增加肌肉量的姿勢則必須：

① 讓槓鈴的移動最大化

② 對目標肌肉產生效果

③ 讓關節的活動最大化

與健力的姿勢完全相反，這是以增加肌肉量為目的的姿勢，也可說是以肌肉量較勁的健美競技用姿勢。不要忘記肌力訓練的基本原則，即「提升肌肉作為引擎的基本性能」，同時學習不同競技適合的姿勢，是非常重要的事。

綜上所述，在自由重量的訓練中，由於關節的活動、肌肉的特性，還有重力會交互作用，因此不同的姿勢會有不同的效果，若姿勢不佳，甚至有可能無法達成目標。

（5）機械訓練

前文也提到過，機械的優點是「易用性與高度安全性」。精神上的壓力也很少，這些特點可以彌補自由重量的缺點。自由重量如果傷到手腕，就無法做胸或肩的運動，但機械（蝴蝶機或側舉機等等）只要調整握法，還是有可能可以訓練。肩推機、胸推機、小腿提踵訓練器、高拉背闊訓練

機、史密斯機或腿推機等的設計，也都可以用來彌補自由重量的缺點。

　　此外，重量堆疊式的機械在插入插銷以後，能夠立刻改變重量，這種機械也有一個優點，就是可以輕易進行遞減法（或稱遞減組）訓練。這些設計可以藉由了解機械的缺點，進行更有效的運用。

　　正如前文所述，機械的缺點是跟自由重量比起來，「效果較小」。機械有用來拉纜線的滑輪或軌道等零件，因此一定會產生摩擦而分散刺激，下放（回到原位）時的負荷會低於自由重量。為了彌補這個缺點，**下放時必須確實地意識到要一邊承受負重，一邊完成動作。**

　　我們來比較採用自由重量，與等張式機械時的肌肉出力模式（見圖3.6）。等張即「等張力性」，意思是肌肉發出的力量與負重達成均衡的狀態。高拉背闊訓練機或划船機等，也都屬於等張式機械。

　　在使用自由重量的啞鈴或槓鈴手臂彎舉中，鉛塊（重量）所造成的強度（負重）就如前文所述，會隨著關節彎曲的角度而改變（見圖3.3）。若保持垂直狀態，負重的大小會呈現山型曲線，並剛好在肘關節呈 90 度的地方達到巔峰。

　　另一方面，若是藉由滑輪舉起堆疊式負重的機器，則無論手肘的角度是多少，都會是同樣的力度（見圖3.6）。這是機械與自由重量的決定性差異。總是用同等力度運作的機械，是不是可以說比自由重量還好呢？無論手肘是什麼角度都有發揮效果的感覺，這一點確實也讓人覺得機械似乎比較有效。

　　事實上，自由重量反而

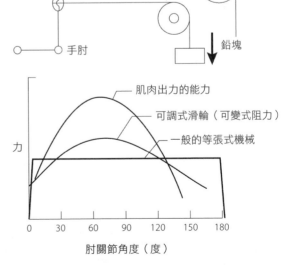

圖 3.6　等張式機械的肌肉出力模式（肱二頭肌、手臂彎舉）（石井，1999）

比較符合肌肉的特性。因為在自由重量下，重力所造成的力度最大之處，雖然與肌力最大之處錯開，但兩者非常相似，同樣都擁有山型曲線。

近年來隨著研發的進步，好用的機械愈來愈多，其中也有使用可調式滑輪的機械，讓人在運動時承受到的負重不會是固定的。如此一來，更加符合肌肉出力的特性（看滑輪的形狀就能一目了然）。也有機械設計成在動作的一開始、中間與最後，各別施加強烈的負重（可變式阻力）。為了妥善運用這些機械，也必須理解其中的運作模式。

這樣看來，機械與自由重量究竟何者較好，並不能一概而論。若能持續累積經驗，勢必會更懂得如何發揮兩者的優點，達到更好的訓練效果。

（6）軀幹與深層肌肉的強化

自由重量與機械訓練，在對軀幹（軀幹有時也稱為核心，指支撐脊椎的肌群或腹部肌群。此處的軀幹指的是頭、手臂及腿以外的胴體部分）與深層肌肉施加負荷的方式上，存在決定性的差異。

在做自由重量中的深蹲、臥推或硬舉等，用來強化較大的淺層肌肉的運動時，為了牢牢固定軀幹並保持關節穩定，髖關節周圍或肩關節周圍的深層肌肉也會同時運作。淺層肌肉主要扮演驅動肌（運動的生成）的角色，深層肌肉主要扮演穩定肌（關節的穩定與固定）的角色。藉由兩者互相合作保持協調，即可發揮巨大的力量。

另一方面，如果是機械，則具備牢固穩定的支點可代替軀幹原本的功能，例如支撐軌道或機械的金屬桿、像關節一樣連接器具並裝有軸承的接合部分，或滑輪等零件皆屬之。拜這些所賜，即使不靠穩定髖關節或肩關節的深層肌肉來固定軀幹，也能集中使用淺層肌肉。這裡不存在深層肌肉與淺層肌肉之間的協調關係，這就是機械的問題所在。

舉例而言，我們用槓鈴深蹲與腿部推蹬或史密斯機來比較看看（見圖3.7）。腿部推蹬只對下半身施加負荷，幾乎不會使用到軀幹。史密斯機是直接撐起裝設在器材上的槓，因此可以用近似於自由重量的狀態進行深

腿部伸屈的運用方式

　　若觀察大腿肌肉發達的選手做腿部伸屈（以下簡稱 LE）的姿勢，會覺得這個訓練對於強化下肢肌力，有無與倫比的效果。雖然深蹲常被人稱為訓練之王，但其實做起來非常累，因此容易被人敬而遠之，並改以 LE 來代替。不過相較於以深蹲為主要訓練動作的人，那些只做 LE 的人，腿部肌肉量或結實程度似乎比較低，這是為什麼呢？

　　LE 是以膝蓋為中心的單關節運動，會對股四頭肌造成強烈刺激。另一方面，深蹲或腿部推蹬則會以軸向施加負荷，是膝蓋與髖關節的多關節運動，會動用到下肢全部的肌群。因此如果目標是增強下肢加上軀幹的肌力，最好選擇以深蹲等多關節運動為主。俗話說得好：

「No pain, no gain.」（中譯：無勞則無獲）不過假如目的是術後的復健，或比賽前追求肌肉「線條分明」，LE 也是一種有效的訓練方法。此外，先做深蹲施以充分負荷後，再做 LE 進一步強化，是很有效的方法。

　　另外，由於 LE 會對髕股關節造成很大的負擔，因此容易傷害關節軟骨，可能會發出喀啦喀啦的聲音，或膝蓋前側出現尖銳的刺痛感。尤其要注意的是，當臀肌、闊筋膜張肌、膕旁肌因疲勞而變硬攣縮時，膝蓋外側的髂脛束就會變得緊繃，對髕股關節造成更大的負擔。此外，在高齡者的下肢運動訓練中，雖然有推薦 LE，但在還能站立行走時，自重深蹲還是比較有效的方法。訓練原則就是，**如果要加強體力，比起單關節運動，請以多關節運動為優先。**

蹲，但由於兩側有軌道，因此並沒有那麼
需要固定軀幹。腿部推蹬機或史密斯機也
不太會用到髖關節周圍用來取得平衡並保
持穩定的穩定肌。換句話說，這些訓練並
不能完全取代槓鈴深蹲。

依據肌肉位置與功能區分的方法

　　深層肌肉與淺層肌肉是依據肌肉位
置來區分，然而在這種區分的方法下，會
出現矛盾的肌肉。

　　例如位於肩關節的旋轉肌袖，屬於

圖 3.7 史密斯機

深層肌肉（棘上肌、棘下肌、小圓肌以及肩胛下肌）即為一例。旋轉肌袖
主要的功能包括：肩膀的外旋、內旋，還有讓肱骨銜接在肩胛骨上。如此
一來，肩膀就會固定而不脫落，並維持肩關節的穩定。不過其中之一的棘
下肌，卻是從外側清楚可見的肌肉。如果從位置上來說，棘下肌算是淺層
肌肉。

　　此外，橫跨骨盆連接脊椎與股骨的腰大肌，是眾所皆知的深層肌肉，
但這種肌肉並不是用來穩定髖關節，而是用來向前抬起大腿。腰大肌一方
面屬於深層肌肉，但同時也是產生動作的驅動肌。

　　因此為了解決這些矛盾，也有按照功能區分的方法，產生關節動作的
肌肉就稱作驅動肌，保持關節穩定的肌肉就稱作穩定肌。綜上所述，旋轉
肌袖屬於穩定肌，且多虧有這種肌肉，胸大肌或三角肌等驅動肌才能使出
很大的力量。

（7）自由重量與機械的組合

　　結合自由重量與機械，即可進行更有效果的訓練。為了放大效果，

關於深蹲與腿部推蹬機

　　以前在我的健身房中，有位 25 歲男性會員很投入在訓練中。聽説他在入會前，有 5 年的時間都只用機械做腿部推蹬，而不做槓鈴深蹲。結果他能做到全可動範圍的 400 公斤高重量 10 次，大腿肌肉也名副其實，看起來非常發達。

　　然而，當他久違地嘗試深蹲時，卻無法正確地做到 100 公斤／ 10 次。由於他使用的腿部推蹬機傾斜角度為 45 度，因此換算下來應該能做 200 公斤／ 10 次的全深蹲才對，但實際上卻連一半的 100 公斤都做不到。這件事清楚反映出自由重量與機械差異的重要意義。

　　此外，由於自由重量的軌道是鉛直方向，因此一般認為史密斯機的軌道最好也是同樣的方向，但最近也有軌道刻意做成斜的。持續使用這種機械會出現什麼樣的影響，將是今後研究的課題。

必須盡量排除雙方的缺點，並設法把優點結合起來。因此，**我把機械訓練定位為輔助自由重量的角色，也就是「用來當作有效提高自由重量的手段」**。

　　在做槓鈴深蹲時，為了撐起槓鈴，會徹底使用上半身的軀幹。與髖關節周圍的深層肌肉，好讓關節穩定並撐起高重量。因此在做完槓鈴深蹲後，軀幹或髖關節周圍的深層肌肉，也會因為疲勞而無法充分發揮作用。此時，為了取代穩定與固定關節的作用，如果能使用有軌道的腿部推蹬機，就不需要用到太多的深層肌肉，因而能撐起高重量，並針對大腿肌肉給予更強烈的刺激。

　　綜上所述，藉由合併機械與自由重量，即可在不破壞深層肌肉（穩定肌）固定並穩定關節，與淺層肌肉（驅動肌）發揮巨大力量的平衡下進行鍛鍊。

（8）時間管理的重要性

現場的肌力訓練，很多都是在技術練習或肌力訓練以外的補強運動（軀幹、深層、伸展、敏捷度等等）的最後才進行。這對必須追求肌肥大與增強肌力的選手來說，並不是很樂見的狀況，但即使如此，還是必須「提高效果」才行。

軀幹或深層肌肉的訓練，與體育運動的動作相近，因此具有即效性。甚至也有人會對效果感到驚為天人，做著做著就忘記時間。然後他們應該會認為「做得愈多愈好」吧！不過如果只是學會軀幹或深層肌肉的使用方式，很快就會面臨極限也是事實。當你將上述動作練到適合該項競技運動的程度時，接下來就會變成以「維持」為主。這一點與伸展運動十分相似。例如劈腿練到可以劈 180 度，接下來就只要繼續維持即可。用於維持的時間也非常短暫，而且如果做太多，反而有可能因為關節過度鬆弛而受傷或異常。

近年來，許多人會做自重的腹肌或背肌運動，或利用三角錐、繩梯、槓鈴或啞鈴等器材，來訓練軀幹或提升敏捷度，其他還有像是使用彈力繩或輕量啞鈴來訓練深層肌肉。在不注意的情況下，訓練超過 1 小時的情況也不少。除此之外，也有人在技術練習中採用類似的器材，甚至還另外加上長跑。

雖然也必須考量競技特性，不過最理想的還是事先決定好時間，例如做 10 到 20 分鐘維持軀幹或深層肌肉的訓練，其餘時間則分配給肌力訓練，把蘊藏更多可能性的肌肉練得更粗、更壯、更強。

一般認為，符合競技特性與提升自己體力水平的「時間管理」是必不可缺。運動指導者或體適能教練講求的是能管理爆發力、肌力、速度、肌耐力、平衡感、柔軟度、協調性等各種體力訓練的能力。

在人體的器官當中，沒有任何部位像肌肉一樣，能透過訓練提升這麼多效果。舉例而言，全深蹲 50 公斤／ 1RM（1 次的極限）的人，要在幾年之後能夠提高到 200 公斤／ 1 次的可能性，其實只要是年輕的運動選

手，任何人都有可能做到。只要肯努力，就有可能發揮出四倍的力量。實
際上在職業棒球隊軟銀鷹的年輕選手中，有人才花半年，就從 60 公斤／
10RM 增加到兩倍的 120 公斤／10RM。

　　雖然肌力訓練並不是魔法，卻能激發出無限的可能性，如魔法般提高
效果。

重要訓練項目的理論 & 實踐

深蹲

臥推

硬舉

俯身划船

深 蹲

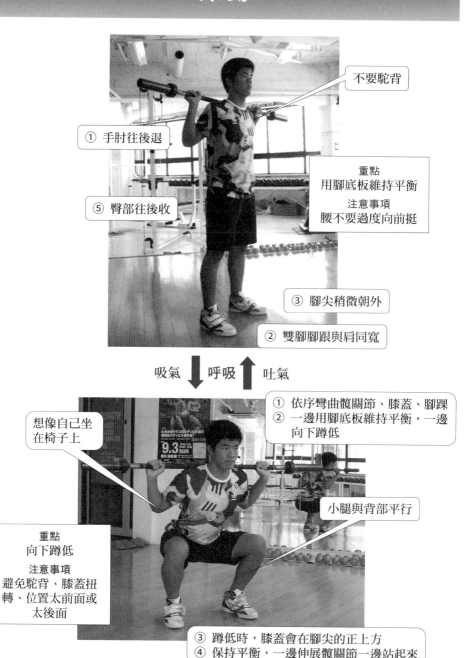

不要駝背

① 手肘往後退

⑤ 臀部往後收

重點
用腳底板維持平衡
注意事項
腰不要過度向前挺

③ 腳尖稍微朝外

② 雙腳腳跟與肩同寬

吸氣 呼吸 吐氣

① 依序彎曲髖關節、膝蓋、腳踝
② 一邊用腳底板維持平衡，一邊
　向下蹲低

想像自己坐
在椅子上

小腿與背部平行

重點
向下蹲低
注意事項
避免駝背、膝蓋扭
轉、位置太前面或
太後面

③ 蹲低時，膝蓋會在腳尖的正上方
④ 保持平衡，一邊伸展髖關節一邊站起來

1. 關於深蹲

對肌肥大或增強肌力貢獻最多的就是「深蹲」。由於同時也會使用到背肌或腹肌等軀幹的肌群，因此也能使上半身與下半身平衡。雖然堪稱是「運動（訓練）之王」，但也因為認真做起來會非常辛苦，所以很容易成為被敬而遠之的項目。由於是做起來最痛苦的項目，因此當做到力竭（無法再重複）的程度時，內心會充滿無可取代的喜悅。持之以恆地做正確的深蹲，將會帶來長壽等各種好處。

1.1　深蹲時，肌肉與關節的運作

深蹲時會用到髖關節、膝關節與踝關節。髖關節屬於球窩關節，骨頭的末端是由圓球與臼窩組合在一起，可以朝各種方向彎曲或旋轉。因此雙腳的距離可以容許到一定程度的範圍，且能隨個人的體型或柔軟度做調整。膝關節是屈戍關節，構造像打開的門一樣，只能朝著一個方向運動。因此在蹲下時，腳尖與膝蓋方向隨時都要保持一致。

蹲低的時候，上半身雖然要向前傾，但脊椎應保持挺直。脊椎的構造像是堆疊的積木一樣，椎體與椎間盤交錯排列，椎體後側的空洞，則由脊髓（一種柔軟的柱狀組織）貫穿其中。各個接合處都有韌帶緊緊包覆在上面，使椎體不會分散，椎間盤不會飛出來。如果脊椎向前彎曲（駝背），

就會對彎曲部分的腰椎椎間盤前側造成過度的負擔，對於維持該結構也會產生問題。

深蹲時，主要使用到下半身肌肉，包括大腿前側的股四頭肌、大腿後側的膕旁肌，以及上方的臀大肌。假如蹲得更深，也會對內收肌群帶來更大的刺激。

膕旁肌是股二頭肌、半腱肌與半膜肌，共三種肌肉的統稱，形狀與梭狀肌（平行肌）相近。與其說它適合發揮強大的力量，不如說因為肌纖維很長，所以更適合做較大的動作。此外，它是跨過髖關節與膝關節的雙關節肌，可以同時做到髖關節的伸展（大腿向後伸展），與膝關節的屈曲（彎曲膝蓋）動作。這是走路或跑步時，腿部後側的動作。

髖關節伸展

膝關節屈曲

髖關節伸展與膝關節屈曲

髖關節屈曲

膝關節伸展

髖關節屈曲與膝關節伸展

　　臀大肌是單關節肌，從鞠躬狀態伸展髖關節的動作，會與膕旁肌一起運作，但在髖關節向前彎曲的狀態下（屈曲位），臀大肌的運作會變強。

　　股四頭肌（股直肌、股中間肌、股內側肌、股外側肌）是羽狀肌，肌纖維的走行方向像鳥類羽毛一樣呈斜向，與梭狀肌（平行肌）比起來肌纖維較短，在相同體積中的肌纖維數較多，因此適合發揮強大力量。其中股直肌是雙關節肌，可以同時進行髖關節屈曲（大腿向前抬起）與膝關節伸展（伸展膝蓋）的動作。這是走路或跑步時的前腳動作，以及踢足球的動作。

　　當前腳在短跑過程中抓地時，股四頭肌會使出強大的力量支撐身體，後腳則由膕旁肌迅速折起膝關節，以減少腿的轉動慣量，同時臀大肌會變成主角，大力地伸展髖關節。這是充分發揮各種肌肉作用的動作。

　　在深蹲的動作中，股四頭肌與膕旁肌的關係則變得有點複雜。站起來時，髖關節與膝關節會同時伸展。膕旁肌雖然是髖關節的伸肌，但對於膝關節來說卻是屈肌，因此不在這個時候使用，而把髖關節的伸展全部交給臀大肌，看起來是比較有效率的方法。不過，實際上還是會使用到膕旁肌。此時，股四頭肌為了伸展膝蓋而出力，膕旁肌就會一邊承受股四頭肌伸展膝蓋的作用，一邊發揮伸張性肌力，並與臀大肌協力完成伸展髖關節的作用。股四頭肌、臀大肌與膕旁肌的「共同收縮」，能產生用力站起來的動作或跳躍的動作。另一方面，這也是造成膕旁肌拉傷等障礙的主因。

　　此外，軀幹的伸展（後彎）也是同時作用。這種時候也會使用到穩定軀幹的腹肌群（主要是腹直肌）、背肌群（主要是豎脊肌），以及下腹深處的髂腰肌（腰大肌＋髂肌）。腰大肌跨過髖關節連接上半身與下半身，在深蹲時會發揮重要功能，讓腰椎保持在正常狀態。

　　有研究報告指出，黑人的腰大肌比其他人種粗三倍。這一點似乎影響到運動適性，使他們更適合田徑運動中的短跑競技。**腰大肌可以藉由深蹲（平行蹲或全深蹲）來增加粗度。**

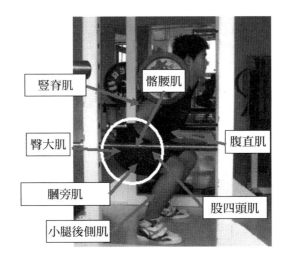

豎脊肌　　髂腰肌

臀大肌　　腹直肌

膕旁肌

小腿後側肌　　股四頭肌

1.2　各種類型的深蹲

深蹲依可動範圍（最低點的位置），分成以下四種類型：

① 全深蹲（完全蹲下去）

② 平行蹲（蹲到大腿呈水平為止）

③ 半蹲（蹲到膝蓋呈直角為止）

④ 微蹲（從站立的狀態蹲到 1/4 為止）

可動範圍較大的全深蹲或平行蹲，肌肥大的效果較大。增加肌肉量的條件，是把機械應力利用到極致，而目前已知肌肉在伸長的位置，會因伸張造成很大的壓力，套用在深蹲上就是完全蹲下去的位置。

另一方面，即使為了提高機械應力而使用高重量，但只要是可動範圍小的動作，力學上的機械功（力 × 距離）還是很小，肌肉的能量代謝量也會減少。能量代謝量小的訓練，不太會促進無氧性代謝物（乳酸等）的堆積，或生長激素與性激素的分泌，由化學性刺激所造成的肌肥大效果很小。

另一件重要的事情是，**肌肉會隨「活動的範圍」而變強**。如果訓練時只做半蹲或微蹲，那麼即使部分蹲可以撐起 200 公斤，全蹲時有可能

全深蹲

平行蹲

半蹲

微蹲

連 100 公斤也撐不起來。在半蹲或微蹲的活動範圍內，雖然可以使出撐起 200 公斤重量的肌力，但在那之外的可動範圍卻無法發揮同樣的肌力。

　　全深蹲或平行蹲有障礙點（在動作範圍中，對肌力構成最大相對負荷的位置），通過障礙點的動作，對於增加肌肉量來說是最有效的方式，同時也有助於提升全可動範圍的肌力。不過要當心的是，從全深蹲最低的地方起身到障礙點，這段過程容易失去力氣，必須注意是否會引起腰痛。

　　根據這些原理，再配合運動的特性，來採用最合適的方式。半蹲或微蹲對膝關節的負擔很大，對於足球或排球比較有效。全深蹲或平行蹲主要是對髖關節造成負擔，適合田徑運動的短跑或競速滑冰的競技特性。

1.3　深蹲的力學

　　我們是「藉由肌肉的收縮，讓骨頭以關節為軸心轉動」來做運動。從手臂彎舉來想就很容易理解。深蹲時，槓鈴是以垂直方向直線運動，而這也是骨頭以各個關節為軸心轉動，所組合起來的動作。此時，在各關節周圍發生的作用力，稱為扭轉力（力矩）。不僅是訓練動作而已，力矩在思考運動的動作上也很重要。

　　現在假設我們把某個關節與骨頭，單純視為繞著支點轉動的槓桿。骨頭上承受力量或重量負荷的位置（力的作用線），與關節（支點）的垂直距離稱為「力臂」，關節的扭轉力則可用以下的公式表示：

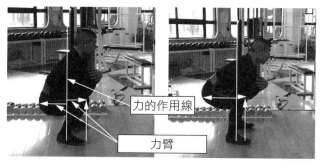

力的作用線

力臂

基本姿勢　　　　　　　　髖關節深蹲　　　　　　　　膝關節深蹲

$$T = F \times M$$

T（力矩）：關節的扭轉力（讓關節扭轉的力量）
F（力）：作用力（槓鈴、啞鈴等器材的重量所施加的重力）
M（力臂）：轉動的中心與力向量的垂直距離（重量與關節的水平距離）

　　由此公式可知，假如形成作用力的槓鈴或啞鈴重量不變，則力矩會與力臂的長度成正比。力臂愈長，力矩也愈大。

　　以深蹲來說，由負重所形成的力的作用線，是透過槓鈴加體重的整體重心的垂線（上圖）。這條線與髖關節和膝關節之間的水平距離，就是繞著關節轉動的力臂長。力臂愈長，對關節作用的力矩就愈大。

　　基本姿勢在蹲下時，由於到髖關節的力臂比膝關節長，因此這時膝蓋會在腳尖正上方。基本姿勢能均衡地鍛鍊整個大腿與臀部。

　　如果與基本姿勢相比，到髖關節的力臂愈長、到膝關節的力臂愈短，則會使用到臀大肌與膕旁肌，並相對增加對背肌與腰部的負擔（髖關節深蹲）。不過即使膝蓋就在作用線上，也並非完全不會使用到股四頭肌，而是如前文所述，其實股四頭肌會與膕旁肌通力合作，發揮出伸展髖關節的力量。

　　反過來說，當膝蓋超出腳尖的位置，則更會使用到股四頭肌，並增加膝蓋的負擔（膝關節深蹲）。

如何利用「深蹲」加速傷勢復原？

　　利用三種姿勢（基本、髖關節、膝關節）做深蹲，可以幫助傷勢更快復原。我以前曾因車禍傷到膝蓋，有兩個月的時間都無法做腿部訓練，大腿肌肉也在那段期間消退許多。不過經過一番特別設計的訓練以後，大約 3 個月膝蓋就不再疼痛，肌力與肌肉量也恢復原本的水準，且至今依然維持著相當舒服的狀態。

　　首先，我只靠自重做印度深蹲，並慢慢地開始扛著槓鈴練習。再次展開槓鈴深蹲時，我反而不從基本的開始，而是做不會對膝蓋造成負擔的髖關節深蹲。一邊觀察膝蓋的恢復狀況，一邊慢慢調整回基本姿勢。如果是擔心腰部，也可以做膝關節深蹲，以避免對腰部造成負擔，再一邊觀察腰部的恢復狀況，一邊調整回基本姿勢。

　　我推薦先從基本的學起，再學習髖關節深蹲或膝關節深蹲，以備將來不時之需。不過如果做太多極端的髖關節深蹲或膝關節深蹲，只鍛鍊到特定的肌肉，則有可能養成依賴特定肌肉的壞習慣，變得無法順利做好相反的動作或基本姿勢，因此還請特別注意。

　　這三種姿勢也可以配合運動特性分別運用。有趣的是，即使同樣都是說明基本姿勢，每位選手還是會不知不覺就做出適合個人競技運動特性的姿勢。排球就是對膝關節、短跑則是對髖關節負擔較大的姿勢。半蹲或微蹲也有髖關節深蹲或膝關節深蹲。目標是以基本為原則，逐步調整為對各個選手的競技動作有幫助的姿勢。

2. 圖解深蹲

2.1　預備動作

（1）握距大約比肩膀寬 1 個拳頭

　　在距離槓身中間點左右對稱的位置，握住深蹲架上（直立時位於胸口中上方）的槓鈴。握距大約比肩膀（三角肌側面）寬 1 個拳頭（約為肩寬的 1.6 倍），感覺肩關節僵硬不適的人，可以握得再寬一些。如果握距太寬，扛著槓鈴時，手臂不易用力，有可能失去穩定性。此外，即使是肩關節柔軟的人，如果握距太窄，也會增加手腕或手肘的負擔。

　　棒球或網球等運動，本身就會對手腕、手肘及肩膀的關節造成負擔，請盡量避免對這些關節帶來過度的負擔。

握住槓鈴

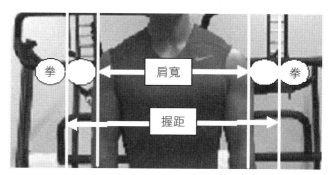

握距大約是三角肌側面 1 個拳頭外的距離

基本握距

窄：肩寬

寬：肩寬的兩倍

（2）站到槓鈴正下方，抵著斜方肌最厚的地方

決定好握距之後，用斜方肌最厚的地方抵著槓身。如果高於這個位置，會對頸部造成負擔，而且容易在動作前與動作中失去平衡。反之，如果低於這個位置，則會增加肩膀、手肘與手腕的負擔。由於髖關節的力臂短、腰部負擔較少，因此適合用來舉起高重量。

為了更安全有效地進行，除了肩關節的柔軟度之外，胸廓或肩胛骨周圍也必須具備柔軟度，因此伸展運動是必不可少的。

低頭

站到槓鈴下

肩膀抵著槓鈴

基本背槓

低

高

（3）手肘稍微向後退，眼睛盯著腳看，把槓鈴從架上背起再往後退

決定好背槓的位置以後，為了固定在斜方肌最厚的地方，雙手緊握槓身，手肘從槓鈴正下方的位置稍微往後退。若手肘位置太前面或太後面，肘部與手腕的負擔會增加。

接下來，看著雙腳的方向吸一大口氣，憋住之後軀幹開始用力，臀部

| 手肘的基本位置 | 前 | 後 |

稍微往後退，把槓鈴從架上背起來。髖關節與膝蓋不要完全伸直，大腿保持用力的狀態。從那個位置把其中一隻腳往斜後方退一步，另一隻腳也退到那隻腳的旁邊。眼睛看著腳的移動，並輕輕地左右活動 1 至 2 次調整位置，抓好正確的距離。腳的移動要在背起槓鈴之後，緩慢地左右交互調整 3 至 4 次，大約 5 秒鐘。

（4）雙腳腳跟距離與肩同寬，腳尖稍微向外打開，直視前方，臀部稍微向後

基本的雙腳距離是「腳跟與肩同寬」。腳跟的位置請「憑感覺」，放在手掌心貼著體側時的指尖正下方。這樣做是因為實際上做起來會出現偏差，也有人是腳尖與肩同寬。

接下來決定腳尖的方向。比較舒適的姿勢並不是雙腳腳尖平行，而是稍微向外打開的形狀。柔軟度或骨骼等條件多少會造成差異，而標準範圍是雙腳拇趾與腳跟的連線，從平行線「向外側打開 15 至 30 度」。如此一來，髖關節會外旋，同時也可以防止蹲低時膝蓋外翻。隨著雙腳距離變寬，腳尖與膝蓋要一起向外側打開。

在起始位置做好深蹲準備後，視線自然看向前方。為了挑戰重量並做到更穩定的深蹲，可以試著用「看著遠方」、「眼神放空」的感覺進行。

習慣以後還可以調整視線，稍微往上或往下看，有可能會讓動作更

| 肩膀抵著槓鈴 | 背起 | 後退 | 動作起始位置 | 臀部往後 |

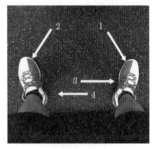

| 背起 | 後退 1 步 | 另一隻腳也後退：起始位置 |

為順暢。不過如果變成極端地低頭盯著腳下地板，就很難繼續維持背肌挺直。此外，若頭抬得太高看到天花板，則會增加頸部與背部的負擔。這個動作會使腹肌拉伸，因此會很難好好地利用腹壓。頭的方向一旦隨視線而改變，將會對後續的動作造成影響。

　　然後在動作的起始位置，從臀部稍微往後的狀態，再適度地彎曲髖關節與膝蓋，讓臀部更後退一些。如此一來，即可用全身承受來自地板的反作用力，並以腳底板取得平衡，同時確實意識到重量，即完成預備動作。

| 重　點 | ・用腳底板取得平衡。
・注意髖關節或膝蓋不要過度彎曲。一旦過度彎曲就會影響大腿，分散對腳底板的注意力。 |

基本的雙腳距離　　　　　　　　窄　　　　　　　　　寬

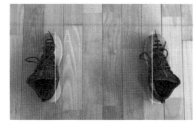

拇趾與腳跟的連線　　　　向外打開 15 至 30 度

直視前方

深蹲時的視線及效果

眼神放空看著前方，或視線望向比眼前牆壁或鏡子更遠更遠的地方，這樣的方法或許是把頭腦的使用方式，從有意識的世界切換到激發潛能的潛意識世界。

在高重量下的深蹲，會感覺到激發潛能的重要性。有一種力氣叫「火災現場的怪力」，指的就是超越心理極限，潛能被激發出來的狀態。如果肌肉斷裂的生理極限是 100%，那麼內心覺得「我不行了」、「我再也舉不動了」的心理極限，大概就是 70%。盡量縮小那 30% 的差距，就能提高肌力的發揮力，這就是所謂的激發潛意識下的潛能。激發的方式除了實際面臨如火災現場般危及性命的狀況之外，還可以大聲喊叫來自我激勵、與程度高的人一起訓練，或是持續挑戰高重量來提升精力等等。

開車馳騁時，看著遠方就能放心地加快速度。反之，如果看著近處加速，則會感到愈來愈緊張，不敢用力踩下油門。深蹲也是同樣的道理，**在挑戰高重量時不要依賴鏡子，而要把眼神放遠些**，這樣就能用全身上下，感受到注意力集中的穩定狀態，鍛鍊出用這種方式戰勝恐懼的精神狀態，也會幫助自己激發潛能。相信預備動作時的視線，會是激發潛能的入口。

大腦與眼

頭蓋骨裡的大腦，似乎就像在一片黑暗之中懷抱著不安。但光是這樣並不能夠認識外面的世界，大腦唯有透過身體，才能與外界接觸。用眼睛看、用鼻子聞、用手觸摸、用耳朵聽、用嘴吃東西，這些全都是由大腦來接收，結果就是大腦會愈來愈發達。

據說小提琴手或鋼琴家的腦部，負責手指運動的區塊比一般人大。他們並不是從一開始接觸小提琴或鋼琴時就比別人大，而是經過反覆練習才變大的。「活動手指」的腦部區塊，也不是一開始就存在，而是藉由「活動手指」才逐漸發展出來。換句話說，就是「有身體才有腦」。相信這對用身體做的肌力訓練，也具有很重要的意義。

據説成人的大腦約重 1.4 公斤，裡面有 140 億個神經細胞（神經元），由一種叫突觸的神經細胞互相連結在一起。透過身體使用大腦，這個神經迴路就會被強化。運動也能促進神經元的強韌連結。深蹲時的用眼方式，相信也會與大腦的使用方式有所連結。

(a) 整個腳底板

力的作用線以柱狀型態，垂直豎立在整個腳底板上。隨時意識到腳尖的五根腳趾到腳跟為止都牢牢踏在地上，並用整個腳底板來保持平衡。這適合用來指導初階者。

整個腳底板的寬度

足弓的寬度

足弓的中心點

基本的起始姿勢

腰太前面的背槓

腰太前面的起始位置

(b) 足弓

意識到腳底板中間的足弓並保持平衡，力的作用線垂直豎立其上。習慣意識到整個腳底板以後，再逐漸改變成這種型態。

(c) 足弓的中心點

中、高階者可讓足弓中心點保持在槓心的正下方，能使動作更順暢。

注意事項	・腰不要太前面。 ・把槓鈴從架上背起時，或在起始位置時，注意腰不要太前面。若從側身的穩定狀態來看，髖關節會在力的作用線後方，膝蓋則在前方。若槓心與髖關節都在作用線上會形成穩定的姿勢，但如果腰比這個姿勢還要前面，就會失去平衡，比較容易跌倒。腰往後退一點並稍微彎曲髖關節與膝蓋，以保持適度的餘裕。 ・如果從腰太前面的狀態開始深蹲，膝蓋會往前突出太多，動作也會變成不穩定狀態。從臀部適度向後的狀態開始深蹲，比較能做到自然、穩定且有效的運動。

2.2　分解動作

深蹲大致上分成 ① 蹲下與 ② 站起來兩種。若蹲得好，就能很流暢地站起來。

（1）依序彎曲髖關節、膝蓋與腳踝（想像坐椅子的動作）

從順序上來說會先用到髖關節，因此想像自己要在椅子上坐下來，先把臀部往後，再彎曲膝蓋往下蹲。膝蓋要朝著腳尖的方向彎曲。如果先彎

曲膝蓋，臀部就很難向後坐，會變成靠腳尖的地方支撐身體，腳跟容易浮起來。

起始位置　　　　　　　　微蹲　　　　　　　　半蹲

（2）一邊用腳底板取得平衡，一邊向下深蹲

一邊用腳底板取得平衡，一邊讓左右膝蓋朝著腳尖的方向深蹲。注意從開始到蹲下去為止，腳底板的平衡不要前後變來變去。

(a) 整個腳底板

運動時，槓心維持在腳尖到腳跟的範圍內。一開始大多都會一邊蹲下、一邊向前移動，變成比較靠近腳尖的位置。如果槓心能維持在這個範圍內，就能保持平衡，若可以，還是盡量保持在開始時的鉛直方向軌道上。**若能維持在「足弓中心點的正上方」是最理想的。**

(b) 足弓

運動時，槓心維持在足弓的範圍內。有時在蹲下的過程中，軌道會從腳踝的外踝往拇趾球的方向移動。只要在這個範圍內就會相當穩定，若要更穩定，最好在足弓中心點的正上方移動。

平行蹲　　　　　　　　　全深蹲

(c) 足弓的中心點

槓心在足弓中心點上方移動，不要脫離鉛直方向的作用線。軌道就像使用有軌道支撐的史密斯機一樣。其中也有人在剛開始做肌力訓練時，馬上就能用這種方式運動。

（3）蹲到最低位置時，膝蓋會來到腳尖的正上方
（小腿與背部平行）

蹲到最低位置時，膝蓋會在腳尖的第二趾（腳食趾）正上方。至於有沒有取得平衡，可以從此時「小腿與背部的傾斜是否平行」（參考下圖）來確認。

從上往下看時，如果膝蓋在腳尖正上方的內側，稱作「膝蓋內夾、腳趾外翻」，膝蓋在這種狀態下會承受到外翻、外旋方向的壓力，也是引起障礙的原因。

基本姿勢的側面　　　　　　基本姿勢的正面　　　　　　膝蓋在腳尖正上方的內側

（4）保持平衡，一邊伸展髖關節、一邊站起來

用腳底板保持平衡並伸展髖關節，然後讓膝蓋與腳踝自然伸直，只要用這種意識進行，即可穩定地站起來。在站起來的過程中，前傾的軀幹（脊椎）維持在一直線的狀態，朝著垂直方向運動。

呼吸————

　　初階者的呼吸法是蹲下時吸氣，站起來時吐氣。中、高階者由於重量較大，因此採「憋氣」的方式進行。舉例來說，從架上背起槓鈴前先吸一口氣，在憋氣的狀態下背槓、後退並調整好雙腳距離。站定以後吐氣，蹲下前再吸一大口氣，讓胸口（肺）膨脹起來，並吸飽到腹部，如此一來即可使上半身（軀幹）包含腹肌在內都充滿力量。

　　然後憋著氣向下蹲，站起來以後再吐氣。接下來要蹲下時，再迅速吸飽氣。連續幾次後，覺得喘不過氣來時，就在站立的狀態下調整呼吸。後續的要領都跟第一次動作時一樣。

　　如果節奏變亂，有可能後腦勺會疼痛。請用做起來從容不迫的重量多練習幾次，學會如何正確地呼吸吧！

吸飽氣讓肺部膨脹　　　　腹部在吸飽氣的狀態下用力

深蹲的深度和膝蓋傷害間的關係

「最好不要做全深蹲，因為會傷到膝蓋的半月板，做部分蹲或最多半蹲就夠了。」常有人在訓練現場說出這種似是而非的謊言。全深蹲會造成半月板損傷，是毫無醫學根據的說法。**是否容易造成半月板損傷，或髖股關節的軟骨障礙，是與姿勢有關而非深蹲的深度。**只要在合理的重量下，用「合理的姿勢」進行就無須擔心。「合理的姿勢」請參考前文。以下列舉四個醫學上需要注意的重要事項：

① 腳尖與膝蓋方向一致

② 站立時，膝蓋不要過度內夾

③ 從膝蓋開始蹲？還是從髖關節開始蹲？

④ 注意骨盆帶的功能

①與②是互相關聯的兩件事，因為膝蓋往內夾，所以腳尖與膝蓋的方向不一致。請趁著初學階段，好好地學會正確的姿勢。③的意識會因不同人而有微妙的差異。初階者不妨試著「像坐椅子一樣」，從髖關節開始往下蹲。在健力中，也有人是同時釋放膝蓋與髖關節。髖關節周圍肌肉受傷的人，也會刻意先釋放膝蓋，直到復原為止。④的骨盆帶我想應該很少聽到。一般常說「髖關節的柔軟度」，但這個說法並不正確。由於髖關節、薦髂關節與腰椎下段是相互連動的，因此應該可以用骨盆帶的概念來解釋。以骨盆為中心，上從軀幹、下至下肢，都有大肌群在此交錯匯合，一旦此處的功能瓦解，所有的運動表現都會退步。

「深蹲」是提高此處肌群肌力的最佳訓練。因此只要是「合理的姿勢」，那麼蹲得愈低，使用到的肌肉範圍愈大，訓練效果也愈大。

速度────

　　初階者建議採用慢速訓練，才能安全且確實地提高效果。中、高階者基本上是用 2 秒鐘蹲下、1 秒鐘站起來。蹲下時是緩慢且等速度地蹲下，站起來時則是迅速且充滿爆發力地站起來。

| 重　點 | 要確實地蹲下去。 |

| 注意事項 | 注意避免駝背、膝蓋外翻、膝蓋太前面或太後面。 |

臥推

① 握距大約比肩膀寬 1 個拳頭

槓心、手腕、手肘、肩膀呈垂直的一直線

⑥ 看著槓鈴

重點
用肩胛骨取得平衡

注意事項
肩膀不要浮起來

⑤ 挺胸並收緊肩胛骨

④ 臀部與後腦勺貼在椅面上

③ 腳底板完全貼地

② 腳尖位在膝蓋的正下方，稍微向外打開

吸氣　呼吸　吐氣

① 下放到胸前較高的位置
② 以挺胸的姿勢推上去

像在拉弓一樣下放

肩膀不要往上抬

重點
在收緊肩胛骨的狀態下
保持挺胸的姿勢

注意事項
槓鈴不要傾斜、手肘
不要偏離槓心的正下方

手腕與手肘保持在槓心正下方

1. 關於臥推

　　臥推是胸肌訓練項目中最受歡迎的一種，尤其槓鈴臥推更是基本中的基本。

　　以運動選手來說，藉由強化深蹲可提高大腿所產生的爆發力，能夠做下半身力量較強的運動。當有需要將那股力量傳遞到位於末端的雙手時，則必須增強包含軀幹在內的上半身肌肉才行。

　　軀幹的肌肉大致上是由胸肌、背肌以及腹肌所構成。若能確實鍛鍊這些肌肉，比方說在投球的情況下，受到來自地面的反作用力而產生的力量，在通過軀幹時就不會減弱，能夠一路傳遞到手指。在這種時候，臥推會鍛鍊到的胸大肌，就扮演著很重要的角色。此外，正確的臥推姿勢也可以簡單地應用到其他推舉的訓練項目中。

開始　　　　　　　　　　　　　　　　結束

1.1　臥推時，肌肉與關節的運作

（1）肩、肘、手腕的關節

　　臥推會使用到肩關節、肘關節及手腕（手關節），共三個關節。肩關節與髖關節都是可以朝各種方向彎曲或旋轉的球窩關節。肘關節是複關節（屈戍關節＋球窩關節），可以朝兩種方向活動（屈曲、伸展與旋前、旋後）。手腕是雙軸的橢圓關節，與肩關節相較之下，活動還是比較受限。

基本的背屈與橈屈

臥推是同時使用這些關節的多關節（複關節）運動。因此若想激發出效果，運動時必須順應這些關節的機制才行。

　　做動作時，從關節的構造上來講，把手腕、手肘保持在雙手握著的槓鈴，或啞鈴槓心正下方，是非常重要的事。肩關節由於自由度較大，因此槓鈴下放到胸口的位置，上下有一定的幅度。相較之下，由於肘關節只能往兩個方向運動，因此動作中要隨時保持在槓的鉛直方向，也就是正下方的位置。

　　手腕的運動有兩個方向（軸），一個是將手腕朝手心與手臂方向彎曲的動作，朝手心彎曲叫掌屈，朝手臂彎曲叫背屈。另一個是將手腕朝拇指方向與小指方向彎曲的動作，朝拇指方向彎曲叫橈屈，朝小指方向彎曲叫尺屈。

　　在臥推中，手腕的背屈與橈屈會同時進行。當握距太寬時，橈屈就會受到限制。此外，指尖握得比較淺時，背屈也會變得困難，假如手腕立得太直，也有可能會導致槓鈴落下到胸口。

（2）胸大肌

　　臥推中作為主動肌使用的胸大肌，是上半身前側最大塊，面積也最廣的肌肉。

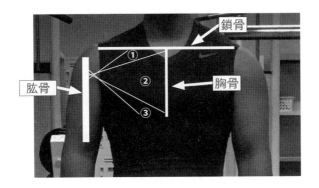

胸大肌的起點與終點

起點：①鎖骨的前半段、②胸骨前端（1至6肋軟骨）、③腹直肌鞘的前葉。

終點：肱骨的大結節。

肌肉兩端附著在骨頭上的部位，靠近身體中心的稱為起點，遠離身體

自然的狀態

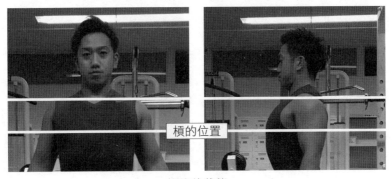

挺胸的狀態

中心的稱為終點。認識胸大肌的起點與終點以後，就能更清楚掌握臥推的
正確姿勢。胸大肌的起點有三處，分別是鎖骨、胸骨及腹直肌。在臥推中
從肱骨的終點處，朝這三個方向把肌肉伸展到最大限度的狀態，就是預備
動作的完成與運動的起始位置。在移動槓鈴時也隨時保持挺胸的狀態，即
可充分使用到胸大肌。

　　槓與胸口接觸的位置在胸口最高的地方，基本上會在乳頭稍微上方一
點的位置。如果胸廓或肩胛骨周圍的肌肉具有柔軟度，肩關節的可動範圍
較大，軀幹（胸椎、腰椎）可以順利做出拱形時，則有可能會在乳頭稍微
下方一點的位置。

　　接著來看胸大肌的運作：

① 肩膀的水平內收：手臂舉到水平位置，由後向前移動。

水平內收　　　　　　　　　　　　　　　前平舉

垂直內收　　　　　　　　　　　　　　　內旋

② 肩膀的前平舉：將下垂的手臂往前舉起。

③ 肩膀的垂直內收：從「萬歲」到「立正」的動作，也會同時使用到闊背肌。

④ 肩膀的內旋：肩膀往內側扭轉的動作，也會同時使用到闊背肌。

在臥推的情況下，主要是肩膀的水平方向內收，結合手肘伸展的動作。這個動作在很多競技運動中都很重要，比方說從原本趴在地上的狀態，到用手推地站起來即為一例。肩膀的內旋則是投球或網球發球時的必要動作，拳擊的直拳也是如此。

比起其本身的運作，胸大肌更常與其他肌肉一同參與肩關節的動作。棒球如果過度鍛鍊胸大肌，肩關節的可動範圍會變窄，或者有可能造成肩膀疼痛，因此很多人會避開臥推訓練，但這卻是提升球速的重要項目。

在肩膀的垂直內收與內旋中，會同時使用到闊背肌作為胸大肌的協同肌。胸大肌（推）與闊背肌（拉）是彼此相反的「拮抗肌」關係。儘管投球時會互相作為協同肌發揮作用，但以拮抗肌來說，胸大肌發揮的是油門的作用，闊背肌則是煞車的作用。一旦胸大肌與闊背肌失去平衡，就有可能對肩關節造成負面影響。

（3）肩胛骨

此外，背部的肩胛骨在臥推中，也扮演十分重要的角色。為了提升效果，固定肩胛骨的方式極為重要。一般的說法是「收緊肩胛骨」。

肩胛骨是肩關節的基礎，而且手臂並不是從肩關節以下開始活動，而是以肩胛骨作為基礎，藉由肩膀的運作才能大幅動作。肩胛骨有三種動作（見下頁圖），分別是①上下（上提、下壓）、②左右（內收、外展）、③旋轉（上旋、下旋）。

初階者在往上推時保持挺胸姿勢，避免肩膀浮起來向前縮，即可預防肩膀疼痛。這裡的「挺胸＝收緊肩胛骨」。藉由深呼吸的動作，很輕易就能挺起胸腔，習慣後再有意識地收緊肩胛骨，即可確實地挺胸。

中、高階者則有意識地透過下壓與內收收緊肩胛骨，並同時進行下旋，即可在安全的情況下舉起高重量。

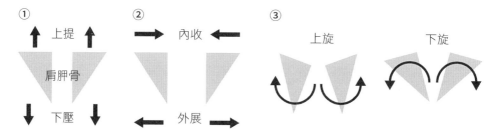

（4）縱弓與橫弓

軀幹基本上是呈拱起的姿勢，拱起的部分有腹部與胸部兩處。拱起腰

拱起胸椎　　　　　拱起腰椎　　　　拱起胸椎＋腰椎

椎就是最高點在腹部，拱起胸椎就是在胸部。以拱胸為主的軀幹縱弓，與
收緊肩胛骨挺起胸膛的橫弓，能夠固定肩膀，使人在安全且穩定的狀態下
進行推舉。

肩膀的外旋

手肘向前伸展的肩膀外旋

手肘向前伸展的肩膀外旋
＋前臂的旋前

前臂的旋前

正面

側面

背面

臥推時肩胛骨的下壓、內收、下旋、肩膀外旋、前臂旋前

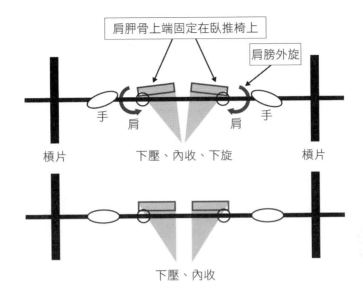

預備動作時的肩胛骨示意圖

握槓的方式

　　臥推有各式各樣的握槓（軸）法，**共通點是「手腕要在槓的正下方」，這樣才不會傷到手腕。**

　　初階用的基本原則，是用五根手指牢牢握住槓鈴，也就是用拇指與其餘四根手指圈住槓身的正握（順手握拳式：閉鎖握法）。拇指與另外四隻手指同方向（虛握）的握槓法（開放握法），基於安全上的考量並不推薦。

　　在順手握拳式中，中、高階者適用的有以下兩種：

虛握

順手握拳式

　　① 手肘向外側打開的握法
　　② 手肘向內側收起的握法

　　在①的握法中，拇指與食指緊握，靠近小指的地方輕握，手肘向外
伸展，打開腋下。在②的握法中，靠近小指的地方緊握，拇指與食指輕
握，手肘向內閉合，收緊腋下。

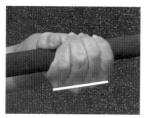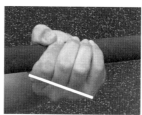

　　　　基本握法　　　　　　　拇指側用力的握法　　　　小指側用力的握法

　　這樣的握法也與前臂的旋前與旋後有關。相對於基本握法，在拇指側用
力的握法中，前臂的旋前也同時進行。在小指側用力的握法中，前臂的旋
後也同時進行，並且能順利完成肩胛骨的內收與下旋，可以讓挺胸的橫弓
與軀幹的縱弓變得更大。前臂旋前時，槓會在橈骨上，旋後時在尺骨上。

　　縱弓與橫弓會受到胸廓、肩胛骨周圍、肩關節、軀幹（胸椎、腰椎）、
骨盆周圍、髖關節等體型與柔軟度，或上述各種使用方式影響。

　　請透過經驗的累積來找到最適合自己的方法，就像把拼圖逐一拼湊完
整一樣。過程中也會逐漸更新臥推的紀錄，並促進胸大肌的發達。

1.2　握距與效果

　　在槓鈴臥推中，抓握的寬度（握距）非常重要，標準的握距為肩寬
的 1.6 倍（參見頁 74 至 75）。據信這是推舉方向產生作用力的最大握
距，其中胸大肌的貢獻率約為 70％，肱三頭肌或肩膀（三角肌前束）約
30％。如果握距大於此距離，雖然從肩關節到手的力臂會變長，對胸肌
更為有效，但對手腕的負擔也會變大，有可能造成受傷或異常，請特別
注意。

槓鈴觸胸時

① 從正上方往下看，槓落到下胸（靠近腹部）時：手位在下胸的旁邊。

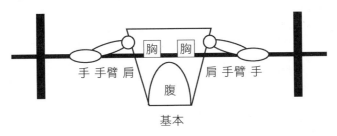

② 從正上方往下看，槓落到上胸（靠近頸部）時：手位在上胸與肩膀的旁邊。

2. 圖解臥推

2.1　預備動作

（1）仰躺在臥推椅上，眼睛來到槓的正下方

　　初階者可以先仰躺在臥推椅上，眼睛來到槓的正下方，即可順利推舉槓鈴而不受到架上的掛鉤干擾。雖然臥推椅的槓鈴架形狀不一，但只要遵守這項基本原則，大部分的臥推椅都可以適用。如果躺得太前面，要把槓鈴從架上移出到肩膀正上方時，距離會太長且較不穩定。此外，如果躺得太後面，槓鈴則會在運動過程中碰到架上的掛鉤。請在調整後，找到最適合自己的位置。

槓鈴架的掛鈎

掛鈎較長

掛鈎較短

掛鈎沒有突出來

基本的仰躺位置

躺得太前面

躺得太後面

基本的握距

寬握

窄握

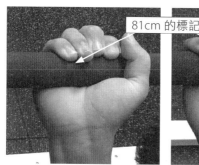

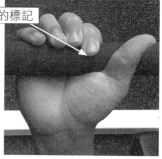

81cm 的標記

小指握在標記上

虎口握在標記上

　　在挑戰高重量的情況下，有時會受到槓鈴架的形狀制約，這時也可以改成將鼻子、嘴巴或下顎，均對齊在槓的正下方。如此一來，即可縮短從槓鈴架到預備位置（下放前的起始位置）的距離，也可較安全且省力地做好預備動作。

（2）握距大約比肩膀寬 1 個拳頭

　　握距如前文所述，大約是肩寬的 1.6 倍。在這個基本握距下，即使是以胸作為主導肌，也能讓肩膀與手臂的肌肉均衡發達。如果是健力比賽，則有手指必須握在槓上刻的 81 公分標記處的規定。若是為了舉起高重量挑戰紀錄，也有選手會調整到規定的最邊緣，變成用虎口握住標記處。**如果是身高 170 公分左右的人，左右手小指碰到標記的位置，大約就是肩寬的 1.6 倍。**

（3）雙腳與肩同寬，腳尖稍微向外打開，對齊在膝蓋的正下方，整個腳底板踩在地板上

　　坐在椅子上時，請確認腳的位置。腳尖稍微向外打開，腳尖對齊在膝蓋的正下方，這裡是最好出力的位置。如果腳跟在膝蓋正下方或超出膝蓋，當腳底板踩踏地板利用地面反作用力時，腳有可能會往前滑出去。腳

正面　　　　　　　　　　　　　側面

腳的基本位置

腳的基本位置	太前面	太後面

基本的雙腳距離	窄步距	寬步距

尖如果退到膝蓋後方，則會對腰部造成過度的負擔。

　　躺在臥推椅上時，由於無法直接看到雙腳，因此要憑感覺決定腳的位置，確實把整個腳底板踩在地板上。初階者把整個腳底板踩在地板上時，請先讓背部固定在椅子上並保持穩定，然後以背部為主，加上整個腳底板一起支撐槓鈴。中、高階者用腳底板捕捉地面反作用力，再把力量傳到槓上，同時也讓胸部以外的肌肉充分發揮作用，即可舉起高重量。甚至有句話說：「臥推是用背與腿來推的。」

（4）臀部與後腦勺貼在椅面上挺起軀幹，並收緊肩胛骨挺胸

　　為了減輕腰部負擔，基本上要將臀部貼在椅面上進行。此外，如果因抬頭使後腦勺離開椅面，比較難挺起胸膛，因此後腦勺也要貼在椅面上。

　　初階者以挺胸且整個背部貼在椅面的姿勢進行。挺起胸膛可輕易地收

用背部仰躺

用肩胛骨仰躺

用肩胛骨上端仰躺

縱弓與橫弓

臀部拱起

緊肩胛骨並形成橫弓，此時，臀部幾乎沒有施力，軀幹則幾乎呈一直線。

　　中、高階者因為是用腳底板踩踏地面推舉，所以臀部貼在椅面上時，軀幹具有後屈（後彎）柔軟度的人，比較容易出力。此時胸口張開的幅度也會更大，並有意識地收緊肩胛骨。將位在胸廓內側表面的肩胛骨往內側滑，並以手臂向槓施壓的方式加以固定。

　　如果要進一步舉起高重量，可以利用更積極的軀幹縱弓，並向腳底板的足弓中心點施力。不過，如果過度執著於提高重量，胸部作為主動肌的作用就會變少，變成用全身的肌肉出力。臥推純粹是胸大肌的訓練。

（5）看著槓鈴並從架上撐起，移到肩膀正上方

　　慎重地將槓鈴從架上舉起，移動到肩膀正上方以後靜止不動。這個時候，注視槓鈴是為了確認是否取得平衡。請先確認槓心、手腕、手肘及肩膀從側面看時，在鉛直方向上呈一直線。

注視槓鈴　　　　　　撐起　　　　　移動到肩膀正上方　　　固定（完成）

從架上撐起　　　　　　移動到肩膀正上方　　　　　固定（完成）

重點 ｜ 用背部取得平衡

　　從架上撐起槓鈴時，用肩膀確實支撐著，移動到肩膀正上方時，要用整片肩胛骨來取得平衡。如果用肩膀取得平衡，因為是以點來支撐，會變得比較不穩定。

用中上背支撐　　　　　　用肩胛骨支撐　　　　　　用肩胛骨上端支撐

偏向頭部的方向　　　　　　　　偏向腹部的方向

肩膀下壓（正確）　　　　　　　肩膀浮起（錯誤）

正常的手腕　　　　　　豎得太直　　　　　　過度拗折

2.2　分解動作

（1）保持挺胸的姿勢下放槓鈴，手腕與手肘維持在槓心正下方

保持挺胸的姿勢下放槓鈴，手腕與手肘維持在槓心正下方。槓鈴下放的軌跡是平緩的圓弧形。下放時，感覺有點類似拉弓射箭的動作。

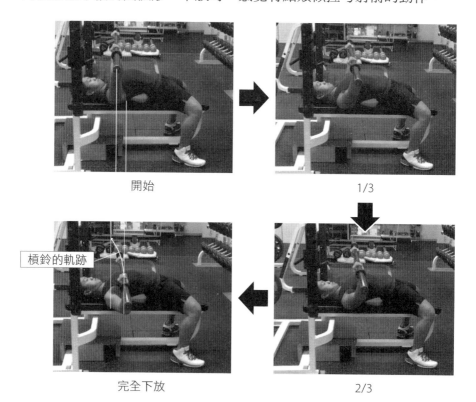

開始

1/3

槓鈴的軌跡

完全下放

2/3

　　初階者一般來說，手臂會比胸肌更快顯現效果，然後是肩膀。持續 2
至 3 個月以後，等到那些肌群鍛鍊到一定的程度，才會開始感受到對胸肌
的效果。同樣屬於多關節運動的深蹲，只要做全深蹲，就會瞬間感覺到對
整條大腿與臀部的效果，但透過臥推，胸肌很難馬上產生效果，必須經過
努力，才能掌握發揮效果的感覺。

（2）讓槓接觸到胸前最高的地方

　　如果想要刺激整個胸部，槓與胸口接觸的位置也很重要。基本上是
胸前最高的地方，位置稍微高於乳頭。中、高階者配合體型或柔軟度等條
件，微調到容易使力的位置。從側面來看，槓心、手腕及手肘應呈垂直的
一直線。

| 基本的位置 | 靠近肩膀 | 靠近腹部 |

（3）保持挺胸的姿勢向上推

　　手腕與手肘保持在槓心的正下方，維持左右水平，肩膀的位置不動。
保持挺胸的姿勢，沿著下放的軌跡回到原位。

| 完全下放 | 2/3 | 1/3 | 完成 |

呼吸————

　　若是初階者，一邊吸氣一邊下放，再一邊吐氣一邊上推。中、高階者以憋氣的方式進行。吸一口氣後立刻從架上撐起槓鈴，憋著氣將槓鈴移動到肩膀的正上方，就定位之後吐氣，再吸一大口氣。然後憋著氣下放槓鈴到胸口，上推之後吐氣，再迅速吸一大口氣。

速度————

　　初階者以上下各 3 秒的速度進行，不必執著於重量。中、高階者約花「2 秒鐘」下放，再花「1 秒鐘」迅速上推。藉由一口氣用力往上推的方式，迅速擺脫障礙點。若利用槓鈴落下到胸口的反作用力，這種方法具有危險性，可能會造成胸骨疼痛。

| 重　點 | 保持挺胸的姿勢。 |

| 注意事項 | 注意不要使槓鈴傾斜，手肘避免偏離槓心的正下方。 |

槓身傾斜

手肘偏離槓的下方

臥推的注意事項

· 注意槓鈴的握法與拿法

　　「開始練臥推將近 1 年的時間，好不容易可以舉起 90 公斤，結果手腕卻痛了起來，沒有辦法支撐槓鈴。」

　　肌力訓練中最容易投入的項目，就是臥推。練習 3 個月的時間，胸膛就會變厚，身體也會出現變化。一旦練出樂趣就會更加努力，並挑戰高重量。通常就是在這個時候，開始出現「手腕痛」的狀況，這是很多人的必經之路。至於疼痛的原因是什麼，最常見的就是在腕骨與橈骨處形成的手腕關節發炎（腕關節炎）。由於強

手腕過度背屈　　竪直手腕

行做出手腕背屈的動作，使得關節組織出現微小損傷，為了修復損傷才會發炎。雖然休息 3 週就會復原，但大家通常不會乖乖休息，有時還會出現三角纖維軟骨損傷或舟狀骨壞死的情形，因此假如靜養 3 週後依然會痛，請接受醫師的診療。

　　為什麼初階者容易發生手腕疼痛呢？那是因為槓軸的握法有問題。初階者會用掌心握住槓軸，高階者則是把槓軸放在基部的掌底上。從側面來看，初階者的手腕呈現角度很大的背屈，高階者的手腕則是竪直的狀態（見上圖）。竪直手腕對手腕造成的負擔較少，力量也比較容易傳遞出去。如果使用繃帶護腕，則可更輕易地竪直手腕。

· 注意下放槓鈴的方式

　　剛開始做臥推時，意識總是會集中在上推的動作。**然而真正鍛鍊力量的時刻，是在下放槓鈴時。**一旦下放的動作亂掉，即使是名人也無法推舉。臥推的「成敗關鍵在於下放」，下放的位置會因握距或身體柔軟度而

異，但大致上都在左右乳頭連線的上下。

此外，雖然也有在胸口上反彈來順勢推舉的方式，但如果常用來推舉高重量，可能會導致胸骨柄的疲勞性骨折，治療上會很困難。一般的訓練以槓鈴點到胸口的程度即可。

・臥推是全身的運動

如果看競技比賽中的臥推就能知道，這並不是上半身的運動而已，而是全身的運動。上背部雖然貼在椅面上，但軀幹大幅拱起，雙腳用力踏在地板上，所以才能推舉體重倍數以上的重量。有因腰痛而停止練習的高中生，選擇做臥推當作肌力訓練，但這種行為大錯特錯。這是必須等到腰部復原後，才能進行的訓練項目。如果無論如何都想做時，把整個背部貼在椅面上，屈膝並讓雙腳離地的姿勢可以減少負擔。不過由於腳沒有踏在地上，姿勢會比較不穩定，因此對初階者來說很危險。

・注意尺神經障礙

「臥推或伏地挺身時，手肘會發出喀喀聲，還會伴隨著疼痛，小指那一側也會麻麻的。」這是尺神經障礙，不管初階者或高階者都會發生。手掌向上伸直手臂時，手肘靠近小指這一側會摸到一條有彈性、電線狀的筋，這就是尺神經，通常會收在一種叫內上髁的骨頭內側。有些人在屈伸手肘時，尺神經會從內上髁的溝中進進出出，就是在這種進出的時候會有喀喀的感覺。這種狀態是天生的，大約 2%、3% 的人身上會有，並不是什麼稀奇的事。

如果只是普通生活並無大礙，但在臥推時要上推槓鈴就會產生問題。尺神經通過前臂或上臂的肌肉之間，一旦肌肉收縮變硬，神經夾在肌肉之間，就會變成被絞扼的狀態，於是在下放槓鈴時，神經就會被拉長。如此一來，神經纖維就會損傷，並產生疼痛或麻痺的感覺。這就好像在拔除家電的電線時，沒有扶著插座就硬拉電線一樣的狀態。

有幾種可採取的對策，例如把槓軸的握距放寬一點，縮小手肘的屈曲角度，或是把槓鈴換成啞鈴也是有效的方式。若使用槓鈴，手肘的活動會

被限制在平面上，但改用啞鈴時，手肘的旋前與旋後動作是自由的，因此
對尺神經的牽引壓力就會減輕（見下圖）。

　　最重要的對策就是消除肌肉的疲勞。光是神經的脫臼並不會出現症狀，
但上臂的肌間中隔或前臂神經入口處一旦發生纖維化，就很容易出現症
狀。最好考量訓練的間隔時間，等到疲勞或發炎反應充分恢復後，再投入
下一項訓練。如果貪心地想要「多做一項訓練也好」，把間隔時間都填滿
時，最終將演變為慢性發炎，形成索狀硬塊，到這個階段就必須動手術。
事實上，這是一種高階者比初階者更常提出諮詢的障礙。

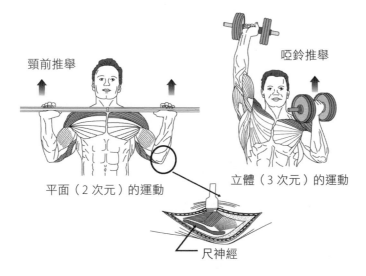

槓鈴推舉會受到前臂的旋前與旋後限制，尺神經也容易受到牽
引的壓力，因此手肘的屈曲必須限制在約 90 度以內。如果是啞
鈴，旋前與旋後動作是自由的，因此對肘關節或尺神經的牽引
壓力，或多或少會減輕。

硬舉

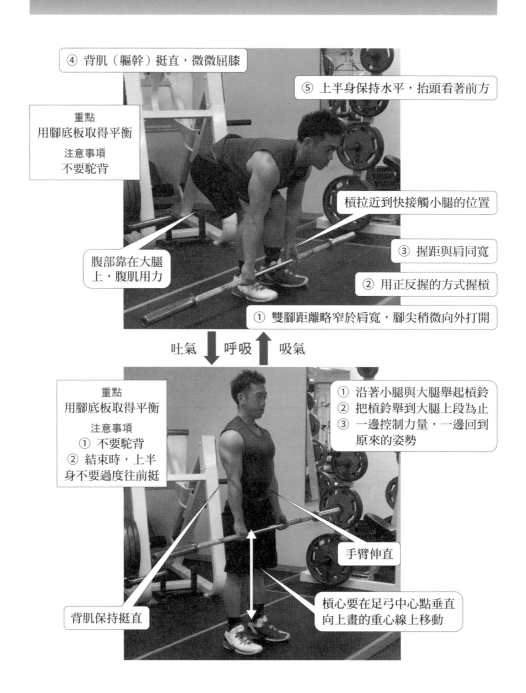

④ 背肌（軀幹）挺直，微微屈膝

⑤ 上半身保持水平，抬頭看著前方

重點
用腳底板取得平衡
注意事項
不要駝背

槓拉近到快接觸小腿的位置

③ 握距與肩同寬

② 用正反握的方式握槓

腹部靠在大腿
上，腹肌用力

① 雙腳距離略窄於肩寬，腳尖稍微向外打開

吐氣　　呼吸　　吸氣

重點
用腳底板取得平衡
注意事項
① 不要駝背
② 結束時，上半
身不要過度往前挺

① 沿著小腿與大腿舉起槓鈴
② 把槓鈴舉到大腿上段為止
③ 一邊控制力量，一邊回到
原來的姿勢

手臂伸直

背肌保持挺直

槓心要在足弓中心點垂直
向上畫的重心線上移動

1. 關於硬舉

　　槓鈴硬舉是鍛鍊髖關節伸肌（臀大肌、膕旁肌）與豎脊肌的代表性項目。在頁 146 俯身划船的內容中，也有幾個部分是與硬舉共通的，請對照閱讀以便理解。**握距的決定方式有很多種，此處是以「肩寬」為基本。**

開始　　　　　　　　　　　　　　　結束

1.1　日本式與歐洲式

　　在健力競技中，為了遵循規則會盡量使用高重量，有時會採用日本（相撲）式的姿勢，也就是使用到全身肌肉的方式。以寬步距進行，雙腳（雙膝）距離比肩膀寬。

日本（相撲）式（寬步距）

　　在下頁圖中，（a）是寬步距中步距最窄的一種，與深蹲時的寬步距幾乎相同。腳跟與膝蓋緊鄰垂直伸展的手臂外側，腳尖從正面向外打開約 30 度，膝蓋也是同一方向。下半身主要使用到的是股四頭肌、股二頭肌、臀大肌，另外也有使用到內收肌作為輔助。

　　（b）槓片到腳尖的距離大約是 10 公分。與（a）相比之下，這裡的腳跟與膝蓋比肩寬還要向外許多，大約是從正面打開 45 度。由圖中可見

（b）的膝蓋並不是朝向正面，而是朝向外側，而槓看起來則是接觸到小腿的內側。

在健力中會讓腳尖盡量靠近槓片的內側，這樣上半身前傾的程度會比較少，槓鈴的移動距離也會縮到最短，才更能夠舉起高重量。

若比較（a）與（b）就知道，明顯是（b）的上半身挺得比較高。在（b）的情況下，有可能在舉起、結束或放下時，因為腳往外滑導致槓片掉在腳趾或腳背上，因此請格外小心。另外，也有前後失去平衡的風險。若採用這種姿勢，下半身主要使用到大腿的內收肌，而臀大肌、股四頭肌及股二頭肌，則作為輔助使用。

（a）　腳尖離槓片較遠

（b）　腳尖離槓片較近

開始　　　　　　　　　　　　　　　結束

歐洲式（窄步距）

接下來的說明皆以「窄步距」的歐洲式為中心。最基本的是接近羅馬尼亞硬舉的方法，也就是「最能夠刺激豎脊肌，並以增加肌肉量為目的的

基本姿勢」，膝蓋與腳跟緊鄰垂直伸展的手臂內側。另外，也會說明使用
高重量時的應用姿勢。

開始　　　　　　　　　　　　　　結束

1.2　硬舉對腰椎造成的壓力

（1）正確的姿勢

　　硬舉的正確姿勢是像下圖中左下方的插圖一樣，骨盆前傾並保持一
直線，讓髂腰肌（髂肌＋腰大肌）可以確實發揮作用。用稍微向前挺的感
覺，豎直脊椎而不要駝背，同時讓臀部向後坐，擺出鞠躬的姿勢。這樣一

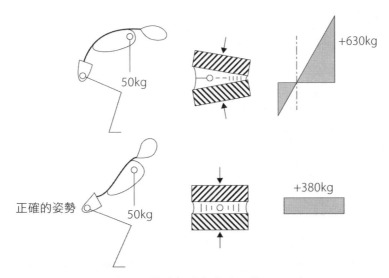

硬舉對腰椎施加的負荷（石井，1999）

來，力量會均等地作用在腰椎的椎間盤上（參見前頁的圖片），可以預防腰痛。左上側的姿勢雖然也能舉起高重量，但可能造成椎間盤受傷，有引起重度腰痛的危險性。

舉例而言，在硬舉 50 公斤的情況下（參見前頁的圖片），若採用下方的姿勢進行，則腰椎的全體椎間盤，會均等地承受約 380 公斤的力量。然而，若採用上方的姿勢進行，則腰椎內側的部分椎間盤，會承受重達 630 公斤左右的強烈力量。

硬舉、俯身划船、深蹲等訓練，必須採用正確的姿勢進行，否則即使是輕重量，也有可能造成腰痛。

（2）正確的起始姿勢

起始姿勢可分成背肌挺直、上半身水平，與向前傾斜的姿勢。雖然與髖關節深蹲相似，不過是從更深的鞠躬姿勢開始。

基本的起始姿勢中，由於小腿是垂直地板的，因此主要使用到的是臀大肌與膕旁肌，且對於豎脊肌與腰部的負擔也是最大的。像下圖右方的上半身向前傾斜的起始姿勢，因為膝蓋稍微向前突出，所以除了臀大肌與膕旁肌，也會使用到股四頭肌。從重心線到髖關節的力臂比較短，因此對豎脊肌造成的負荷也比較小。在使用高重量時，採取這種姿勢最為理想。

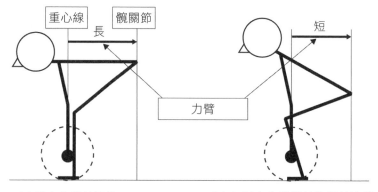

(a) 基本的起始姿勢　　　　　　　(b) 上半身向前傾斜的起始姿勢

1.3　各種硬舉姿勢介紹

（1）基本的硬舉（窄步距：初階者適用）

這種窄步距的硬舉是初階者的基本姿勢。起始時，上半身幾乎呈現水平，以對豎脊肌帶來最大的刺激。膝蓋彎曲的角度大約是 150 度，同時也會使用到膕旁肌與臀大肌。抱持著「用背肌舉起」的觀念很重要。

開始　　　　　　槓在膝下　　　　　　槓在膝上　　　　　　結束

（2）針對高重量的硬舉（窄步距：中、高階者適用）

在採用高重量的情況下，開始時盡量使用整個下半身，並保持上半身的傾斜。等膝蓋伸展到一定程度以後，再改成以背肌（豎脊肌）為主，並以直立的姿勢結束。一開始用腿部力量拉舉的動作也稱作一拉，而用背肌拉舉則稱為二拉。

就如（1）是初階者適用，（2）是中、高階者適用一樣，配合訓練程度明確區分姿勢，可以專注鍛鍊目標肌肉以獲得成效。初階者若採用下頁（2）的姿勢，就會變成像深蹲一樣的動作，對豎脊肌的刺激會減少。

| 約為體重的 50% | 槓在膝下 | 槓在膝上 | 結束 |

（3）羅馬尼亞硬舉（窄步距）

羅馬尼亞硬舉很接近基本的姿勢，但主要發揮作用的是「膕旁肌」。開始時由於膝蓋伸得比較直，因此腰部的負擔也會增加。

開始　　　　　　槓在膝下　　　　　　槓在膝上　　　　　　結束

（4）寬步距硬舉

在寬步距硬舉中，重心線到髖關節的力臂@與槓的移動距離ⓑ會變得極短。雖然也可以用這種方式進行高重量的訓練，但要鍛鍊出與重量相稱的肌肉量，是一件困難的事。此動作是作為健力競技用，或以強化大腿內收肌群為主要目的。

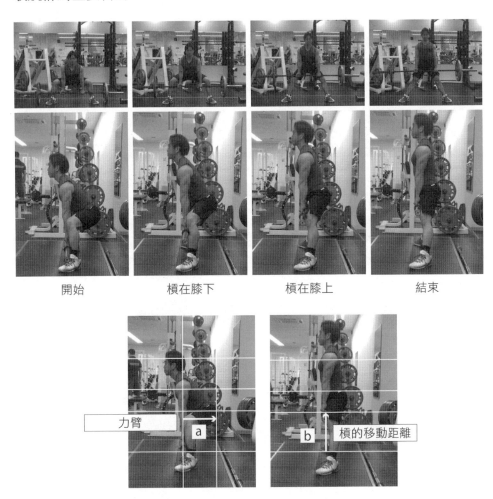

| 開始 | 槓在膝下 | 槓在膝上 | 結束 |

1.4　寬步距硬舉及全深蹲

　　大腿內側有內收肌群（主要有內收大肌、內收長肌、內收短肌）。內收肌群在棒球的投球或擊球、籃球的橫側步以及游泳的蛙式中都會使用到，而寬步距硬舉或深蹲都是有效的補強運動。

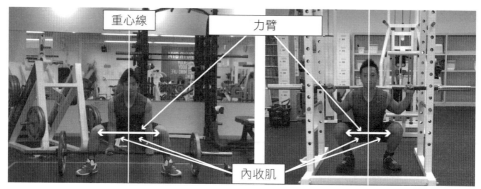

寬步距硬舉　　　　　　　　　　　全深蹲

髖骨（恥骨）
髖骨（坐骨）
內收短肌
股骨
內收長肌
內收肌裂孔
內收大肌
內收肌結節

前
股直肌
股中間肌
內收長肌
股外側肌
內
外
內收短肌
內收大肌
股二頭肌短頭
半膜肌
股二頭肌長頭
後
半腱肌

2. 圖解硬舉

2.1　預備動作

（1）站定在槓鈴前，步距略窄於肩寬，腳尖只向外側打開一點點

硬舉的基本步距與俯身划船相同，不過是使用更高重量的項目。要練習微調到容易發揮力量的步距與腳尖方向。

（2）上半身向前傾（屈曲），採用正反握，握距與肩同寬

採用握拳式（拇指與其他手指完全包裹槓的握法）的正反握（一隻手正握、一隻手反握），即可在槓鈴不會滑落的情況下挑戰高重量。正握與反握可以每做 1 組就交換方向。

（3）背肌（軀幹）呈一直線，輕輕彎曲膝蓋

握住槓以後，讓背肌（軀幹）呈一直線，並微微彎曲膝蓋。此時，把槓拉近到快接觸小腿的位置。

（4）上半身呈水平，抬頭目視前方，用整個腳底板取得平衡

把槓拉近到快接觸小腿之後，抬起臀部使上半身呈水平，抬頭目視前方。看著離腳大約 2 公尺的前方地面，用整個腳底板取得平衡。此時，將

（1）　　　　　　（2）　　　　　　（3）　　　　　　（4）

腹部靠在大腿上，腹肌用力，達到上半身（軀幹）的豎脊肌與腹肌一起用力的狀態。

2.2　分解動作

（1）伸直雙臂，保持背肌挺直，沿著小腿、大腿舉起槓鈴 （基本〔窄步距〕）

從腳踝開始起槓　　　槓在膝下　　　　　槓在膝上　　　　　結束

　　上圖是使用小型槓片或站在增高台上的情況，槓的位置會在腳踝前方。使用大型槓片的時候，會從槓在小腿中段附近的狀態開始。上半身有可能不是水平的，而是前高後低。若伸展膝蓋，用像羅馬尼亞硬舉的方式進行時，就可以從槓在小腿中段且上半身呈水平的姿勢開始。這種方式會增加膕旁肌與臀大肌的負擔。

槓在小腿中央附近的起始姿勢

　　從起始的位置開始，也是在伸直雙臂並將背肌固定為一直線的狀態下，挺起上半身以舉起槓鈴（見下頁圖）。槓鈴從小腿開始沿著大腿前側向上拉舉，若從側面來看，槓鈴的槓心軌跡會是從腳底板的足弓中心點開始，沿著重心線垂直向上的一直線。

　　動作的速度取決於負重大小，但要在 1 至 2 秒內「一口氣」舉起來。

| 開始 | 槓在膝下 | 槓在膝上 | 結束 |

（2）直立起身，將槓拉舉至大腿上段

　　直立起身並將槓拉舉至大腿上段時，可分成手臂呈現垂直的狀態，與整個身體都呈現垂直的狀態。如果想盡量加大豎脊肌的可動範圍，要拉舉至整個身體呈現垂直為止。從手臂呈現垂直的狀態，到整個身體呈現垂直的狀態，這個過程中要很謹慎地做出挺胸的動作。藉由「挺胸」可以夾起肩胛骨，同時也比較容易感受到豎脊肌的作用。整個過程如果動得太快，有可能造成上半身過度向後仰而失去平衡，因此要格外注意。

手臂垂直的結束姿勢　　　整個身體垂直的結束姿勢

（3）一邊控制力量，一邊回到原來的姿勢

下放回來時，槓鈴也不要偏離重心線上。把槓鈴下放到地上時，基本上要輕輕地放下，不要製造出聲音。初階者只要隨時注意背肌要保持一直線，即可有效鍛鍊到豎脊肌。

| 開始 | 槓在膝下 | 槓在膝上 | 結束 |

駝背的不良範例

完全舉起以後的結束姿勢，請不要將上半身過度向後仰（如左圖）。如果一下子力道過猛，可能一不小心就失去平衡。請注意避免因為背肌無力而摔倒等情形。

上半身過度向後仰的結束姿勢

重　點	・用腳底板取得平衡 開始時，如果重心線往前偏離腳底板的足弓中心點，就會增加對腰部的負擔，並且無法順利地拉舉。此外，當槓經過膝蓋後，如果重心開始偏向腳跟，很容易會失去平衡。從開始時就要注意腳底板的平衡。

注意事項	・不要駝背。 ・垂直舉起槓鈴而不要偏離身體。 ・結束時，上半身不要過度向後仰。

俯身划船

重點
用腳底板取得平衡

注意事項
不要駝背

④ 背肌（軀幹）呈一直線

③ 握距略寬於肩膀

⑥ 把槓移到腳踝的前方

① 步距略窄於肩寬

⑦ 目視前方

⑤ 微微彎曲膝蓋

槓拉近到快接觸小腿的位置

② 腳尖只向外側打開一點點

吐氣　呼吸　吸氣

一邊轉動肩膀，一邊彎曲手肘向後拉

手肘彎曲約 90 度

槓到手肘的線呈垂直方向

① 沿著小腿提拉槓鈴
② 使槓靠近腹部
③ 一邊控制力量，一邊回到原來的姿勢

重點
使用肩胛骨

注意事項
① 不要駝背
② 膝蓋不要太突出

1. 關於俯身划船

　　背部的重要肌肉包括豎脊肌與闊背肌，為了均衡地強化這些背肌，「俯身划船」是比硬舉更受推薦的訓練項目。

1.1　俯身划船時，肌肉與關節的運作

（1）豎脊肌與闊背肌

　　豎脊肌是髂肋肌（主要將薦骨或髂骨與肋骨連結）、最長肌（將頭或肋骨與腰椎連結）、棘肌等肌肉的統稱。這些是縱列於背部正中央的大肌群，也可以說是身體的中心部位。主要的功能是支撐背脊、固定軀幹，保持脊椎的適當姿勢。如果這個地方不夠穩固，不僅無法順利使用闊背肌做俯身划船，甚至有可能引起腰痛。想要順利使用豎脊肌，作為拮抗肌的腹肌也必須要有一定強度。闊背肌是上半身最大的肌肉，負責連接脊椎與肱骨。

　　‧闊背肌的起點與終點

　　闊背肌的運作如下：

　　① 肩膀水平外展：手臂舉到水平位置，然後從前往後移動。

　　② 肩膀後方上提（伸展）：把向前舉起的手臂往下方收起。

　　③ 肩膀垂直內收：從「萬歲姿勢」往側邊放下手臂，變成「立正姿勢」的動作，同時也會使用到胸大肌。

④ 肩膀內旋：肩膀向內側扭轉的動作，也會使用到胸大肌。

由於背肌活動無法直接目視，因此要在腦中想像著背肌活動的樣子。

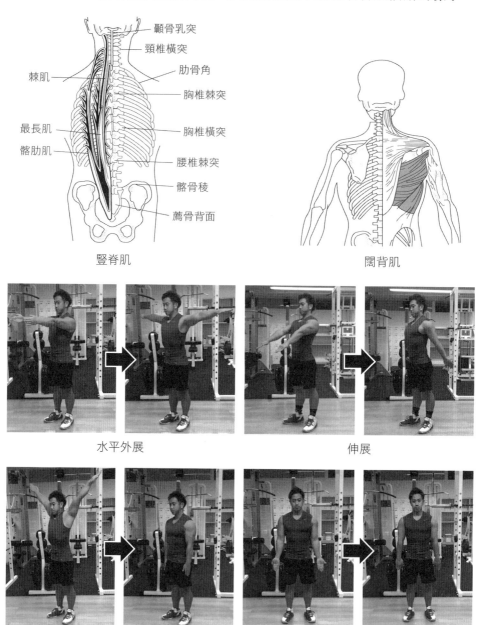

豎脊肌　　　　　　　　　　　　　　　　　闊背肌

水平外展　　　　　　　　　　　伸展

垂直內收　　　　　　　　　　　內旋

（2）俯身划船中的背肌使用方式

在俯身划船中，除了髖關節、膝關節以及腳踝，還會使用到肩關節、肘關節與手腕，總共六個關節。每個關節的運作機制，請參考深蹲與臥推的單元。

在俯身划船的提拉動作中，是把肩膀向脊椎方向收起（水平外展與伸展），變成夾起肩胛骨的姿勢，脊椎與肩關節的距離會變短。

使用豎脊肌固定脊椎，可以讓闊背肌用力並正確地活動。換句話說，即使闊背肌與豎脊肌沒有連接在一起，但以結果來說還是互相連動的。

開始時

結束時

伸展闊背肌的狀態

讓闊背肌收縮的狀態

　　若要施加強烈負荷，以硬舉為佳；若要均衡鍛鍊整個背部，則以俯身划船為佳。由於背肌是大肌肉，因此從功能面上來說，可以分成上半部與下半部來思考，但這並不表示肌肉本身是分開的。在俯身划船中，若採用寬握距，以手肘（腋下）打開的狀態提拉槓鈴時，比較會使用到上半部的背肌；若採用窄握距收起手肘（腋下）來提拉，則比較會使用到中間以下的背肌。

背部的寬度與厚度

　　若持續做肌力訓練，會愈來愈渴望練出背部的寬度與厚度。厚度可透過縱列於脊椎兩側的豎脊肌鍛鍊，寬度則可從闊背肌的鍛鍊而來。雖然闊背肌也有厚度，但只要豎脊肌練得愈厚，闊背肌的寬度與厚度也會被突顯。因此在背肌的部分，鍛鍊豎脊肌與闊背肌是基本。

　　我們來比較健美運動員與健力選手的體型。根據雙方競技特性不同，健美運動員主要會鍛鍊闊背肌，好練出倒三角形的背寬，健力選手則會做高重量的硬舉，以鍛鍊出發達的豎脊肌為主。無論是哪種競技，擁有寬闊厚實的背部，都有助於贏得勝利，因此堪稱一流的選手幾乎都是兩者兼具，擁有令人憧憬的背肌。尤其在觀看高水準競技賽事時，更是顯而易見。

　　其中，有些人雖然擁有厚實的背肌，卻練不出寬闊的背肌。這就是在闊背肌發達以前，豎脊肌已過度發達的情況。那樣的人即使為了練出寬背而努力做俯身划船，或高拉背闊訓練機的滑輪下拉，似乎也無法如願使闊背肌變得發達。原因推測是在刺激闊背肌之前，會先對發達的豎脊肌起作用。為了預防這種情形發生，同時鍛鍊闊背肌及豎脊肌也是必要的，因此從初期階段就要確實做好俯身划船。

　　運動員本身最好也先對這一點有所理解，再配合競技特性進行有計畫的訓練。

（3）肩關節與肩胛骨

　　闊背肌橫跨肩關節，可以一邊旋轉肩關節一邊活動，但闊背肌的活動與肩胛骨的活動有關，因為肩胛骨是肩關節的地基。在預備動作中，伸直手臂拉起槓鈴時，要讓肩膀往下垂。如果更進一步讓左右的肩胛骨外展，呈現向外側打開的狀態，可以讓闊背肌拉伸到最大的程度。從這個狀態到肩胛骨內收夾緊，並提起肩膀與手肘，則可使闊背肌收縮到最小的程度。

　　如下圖所示，隨著肩胛骨的移動，肩膀本身的位置也會移動。手臂經由肩關節（盂肱關節）與肩胛骨連接，當肩膀向外側移動（肩胛骨外展）時，手臂可以伸得更遠，此時附著在上臂上端的闊背肌可動範圍也會變得

| 打開手肘的
起始姿勢 | 打開腋下的
結束姿勢 | 收起手肘的
起始姿勢 | 夾緊腋下的
結束姿勢 |

開始　　　　　　　　　　結束

最大。反之，當肩胛骨向內側移動（肩胛骨內收）時，則可讓闊背肌的可動範圍變得最小（見下圖中②的內收與外展）。

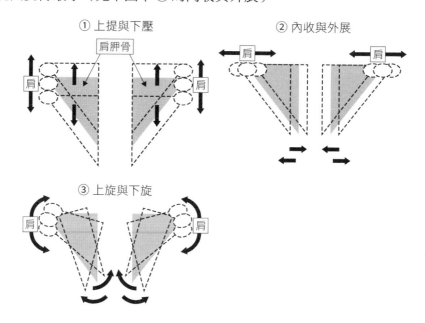

① 上提與下壓　　② 內收與外展

③ 上旋與下旋

1.2　俯身划船的動作

（1）起始與結束的位置

基本上要盡量擴大可動範圍，動作的起始位置非常重要。起始與結束的槓鈴位置可分成三種，如下：

（a）基本

腳踝前側開始　　　　小腿中間　　　　　大腿下　　　　　結束

（b）小腿前側上端

開始　　　　　　　　小腿上　　　　　　　大腿中段　　　　　　　結束

（c）大腿前側下端（沿著大腿前側往上拉）

開始　　　　　　　　大腿下端　　　　　　大腿中段　　　　　　　結束

　　與基本姿勢相比，從小腿前側上端或大腿前側下端開始的姿勢，對豎脊肌造成的負擔較少，可以挑戰高重量，但是對闊背肌的刺激也比較少。

　　如下頁的照片所示，從基本（a）的起始姿勢圖①開始，到大腿前側下端（c）的結束姿勢圖②，這種動作的上半身活動較大，對豎脊肌造成的刺激比闊背肌還強，但無法做到像高重量的硬舉般徹底。一開始，請先學會基本姿勢。

① 基本的開始姿勢　　② 大腿前側下端
　　　　　　　　　　　　的結束姿勢

（2）力矩控制

　　所謂的力矩控制，就是調整力臂長
度與負重重量，讓施加在肌肉上的負荷
調整到最合適的程度。在俯身划船中，
會從預備動作開始，以肩膀為支點旋轉
並提拉起手肘。槓鈴、手腕、手肘呈一
直線，在與地面保持垂直的狀態下活
動，就不會對手臂造成力學上的負擔。

　　若從闊背肌的活動來看，需調整下
方這些重點來擺好姿勢：

・支點：肩關節

・施力點：闊背肌的肱骨附著處

・抗力點：槓心

　　若從豎脊肌的活動來看，需調整下方這些重點來擺好姿勢：

・支點：髖關節

・施力點：豎脊肌的椎體或肋骨附著處

‧抗力點：槓心

　　一般來說，當槓鈴提拉到貼近腹部時，負荷程度分別是闊背肌 65％、豎脊肌 35％。這個比例會因脊椎的傾斜程度、重量或握距等因素而改變。初階者以脊椎保持水平的姿勢進行，幾乎不會活動到豎脊肌，中、高階者可以使用以腳蹬地的反作用力，讓地面與脊椎的傾斜呈 30 度角，或甚至往角度更大的方向活動。

2. 圖解俯身划船

2.1 預備動作

（1）站在槓鈴前，步距略窄於肩寬，腳尖只向外側打開一點點

　　步距「略窄於肩寬」，腳尖「只向外側打開一點點」，向外「5 至 15 度」。膝蓋與深蹲一樣，朝著腳食趾（第 2 趾）的方向。這是同時考量安全與效果面的基本步距，再加上腹部確實靠在大腿上，這樣所有與骨盆相連的肌肉都能夠用力。

| 基本的步距 | 窄 | 寬 |

（2）上半身向前傾，雙手正握槓鈴，握距略寬於肩寬

　　下方可看到三張不同握距的照片，及用各種握距提拉時的狀態示意。

　　在提拉槓鈴時，若採基本的握距，槓會貼近腹部；窄握距在下腹部；寬握距會貼近胸部最下面的心窩上半部。訓練闊背肌最有效的是基本握距，稍窄於臥推的握距（肩寬的 1.6 倍）。窄握距會增加手臂的負擔，因此在徹底使用闊背肌之前，手臂就會先疲乏了。寬握距會刺激到闊背肌的上半部，並使整個闊背肌的可動範圍受到限制。

　　握槓時的基本握法是握拳式，有時握槓法會對姿勢造成影響。

站在槓鈴前　　　　決定步距　　　　前傾握槓　　　　決定握距

基本握距：正面　　　　　　窄　　　　　　　　寬

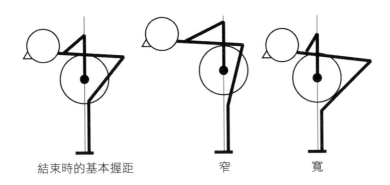

結束時的基本握距　　　　　窄　　　　寬

　　以下頁圖（a）來說，有到手肘為止的力臂（示意圖中與重心線垂直的箭頭），在使用闊背肌的同時，也會使用手臂（肱二頭肌）提拉槓鈴。到手肘為止的力臂比到肩膀為止的力臂長，手臂承受的負荷大於肩膀。

　　以下頁圖（b）來說，手肘位在重心線上，力臂長為 0，力矩也是 0，從力學上來說肱二頭肌並未出力，因此會盡全力使用闊背肌。到肩膀為止的力臂是最長的，力矩也是最大的，對闊背肌的負荷也是最強的。

　　把槓鈴掛在手指上，盡量不使用前臂的力量，應該會比較容易擺出（b）的姿勢。為此，**初階者要採用輕重量，把槓掛在手指上，不要用力握槓。中、高階者即使用力握槓，在提拉槓鈴時也要注意「槓心必須保持在手肘正下方」，才能用（b）的姿勢進行。**

　　採用窄握距並以小指側用力（拇指側輕輕地）握槓，比較容易刺激闊背肌的下半部；採用寬握距並以拇指與食指側用力（小指側輕輕地）握槓，則容易刺激闊背肌的上半部。

充分使力握住槓鈴
（前臂用力的狀態）　　　　把槓鈴掛在手指上
（前臂放鬆的狀態）

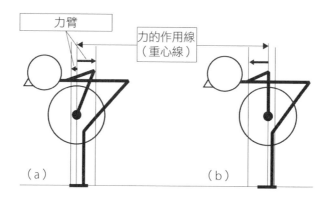

2.2　分解動作

（1）背肌保持一直線，沿著小腿提拉槓鈴

從完成預備動作的狀態（動作的起始位置）開始，以轉動肩膀並彎曲手肘向後拉的方式夾起肩胛骨，提拉槓鈴。速度取決於負重大小，但要在1至2秒鐘內提拉且不使用反作用力。上半身保持一直線的角度，基本上

開始

槓在小腿中央

槓在小腿上方

結束

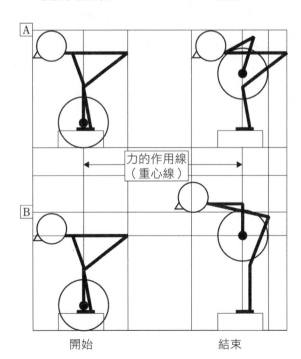

力的作用線
（重心線）

開始　　　　　　　　結束

是呈水平或頭部稍微高一點。在動作過程中，槓、手腕、手肘的線呈一直線並與地面垂直，一邊讓闊背肌大幅度運動，一邊調整膝蓋彎曲的程度。

　　如果從側面看，槓鈴的槓會沿著腳底板踩地力的作用線（重心線），一直線向上。肘關節會從伸展的狀態逐漸彎曲，但手肘的正下方會有槓鈴的槓，且手肘周圍的力臂長也是 0，關節力矩也是 0，因此可以徹底使用闊背肌，而不使用到手臂的力量。

　　在上頁的示意圖中，A 與 B 的槓鈴都是在力的作用線上垂直運動，但A 是固定整個身體來提拉槓鈴。在 A 的結束狀態下，手肘位於力的作用線右側，因此不只使用到闊背肌，也會使用到手臂（肱二頭肌）來提拉。

　　B 則是伸展膝蓋，以小腿與地面垂直的姿勢站立，手肘保持在力的作用線上，上半身向前移動。此時，手肘雖然會逐漸彎曲，但肱二頭肌幾乎不用出力，可以徹底使用闊背肌。

（2）槓鈴貼近腹部

　　槓碰到腹部時，肘關節的角度大約是 90 度，槓到手腕、手肘的線條是垂直的。背部保持一直線，可能呈水平或頭部稍微高一點的狀態。此時，初階者身上常見的情形是，力的作用線跑到腳尖的拇趾球附近。此狀況起因於擔心槓鈴碰到小腿，所以試圖讓槓的軌跡與小腿間保持距離。

　　若是中、高階者，可以在力的作用線幾乎快碰到腳踝的距離下進行。隨著經驗的累積，將逐漸學會如何沿著小腿提拉槓鈴，這樣重心會更穩定，且可以採用高重量。最後透過一次又一次的訓練，摸索出最適合自己的姿勢。

呼吸────

（1）初階者

　　提拉向上時，吸氣使肺部膨脹，可以確實收縮闊背肌。下放時吐氣，則可增加闊背肌的可動範圍。「一邊吸氣一邊提拉槓鈴，再一邊吐氣一邊下放」（姿勢優先），像這樣以呼吸為優先。隨著逐步挑戰高重量，必須改成「一邊提拉槓鈴一邊吐氣，再一邊下放一邊吸氣」（發揮力量優先），配合動作調整呼吸。

（2）中、高階者

　　為了挑戰高重量，要在進行動作之前呼吸，先大口吸氣，並憋著氣提拉起槓鈴，等到下放後再吐氣。

如何提高肌力訓練的效果？

第 4 章

4.1 熱身運動及緩和運動

　　想要順利進行肌力訓練，並全身舒暢地結束，熱身運動（準備運動）與緩和運動（整理運動）缺一不可。為了順利地展開訓練，準備時必須做熱身運動來提高體溫，促進全身的血液流動。

　　能簡單熱身的運動之一，就是原地踏步（見圖 4.1）。抬起大腿到接近水平程度，並原地踏步 50 次左右，可促進血液流動。同時也能確認身體狀態是否舒服，有無感覺不適。若改為原地跑步，則可稍微增強負荷。

　　做完熱身運動之後，要再做伸展運動（參見頁 164）。伸展運動也可以發揮熱身運動的效果。

　　做完肌力訓練後，則要做緩和運動。緩和運動的目的，是在促進血液流動的狀態下「放鬆肌肉」。一方面消除堆積在肌肉中的代謝產物，另一

圖 4.1　原地踏步（左）與原地跑步（右）

圖 4.2 有氧訓練機

方面也可以確認肌力訓練後的身體舒適度。如果再接著做伸展運動，會更加有效。在熱身運動或緩和運動中，也有活用各種有氧訓練機的方法（見圖 4.2）。

　　熱身運動和緩和運動的負荷強度是心跳 110 下／分，時間約為 3 分鐘。最近大部分的有氧訓練機都會在螢幕上顯示每分鐘的心跳數，很簡單就可以測量出來。另外，也可以自己按著手腕或頸部的血管來測量脈搏。

4.2 伸展運動

（1）伸展運動的效果與機制

　　運動大致上可分成三種，如下：
1. 鍛鍊肌肉的運動
2. 鍛鍊耐久力的運動
3. 提高柔軟度的運動

　　伸展運動對於肌力訓練或是技術練習、長跑等都有幫助，但並不是會直接造成肌肥大或提升心肺功能，而是提高柔軟度來加強肌力訓練的效果，或提升競技力。此外，也能減少受傷或身體異常的風險。

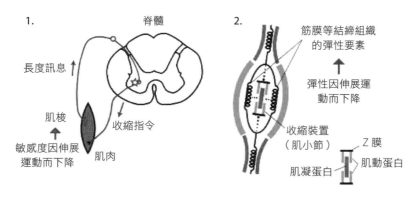

圖 4.3 透過伸展運動提高柔軟度的機制（谷本他，2009）

　　另外，研究報告也指出，身體隨著年齡增長會自然而然地變硬，在肌力衰退的同時，柔軟度也會降低，提高跌倒的風險。伸展運動對於提升高齡者的生活品質（Quality of Life）也大有貢獻。

　　負責感知肌肉長度變化的肌梭在進行伸展運動後，其敏感度就會下降，在肌肉緊繃程度降低的同時，肌肉以外的筋膜等結締組織也會放鬆，於是柔軟度就會提升。此外，也能擴大關節的可動範圍。雖然只是一時性的結果，但長期持續會產生變化，身體能變得有柔軟度（見圖 4.3）。

（2）靜態伸展的基礎與應用

　　在深蹲之前，一般會將不使用反作用力的靜態伸展確實完成，例如上半身的前彎或後仰（前後屈）、劈腿等等，來提高骨盆與髖關節的柔軟度。如此一來，即可達到身體部分活動的改善，以便更完美地做出動作。

　　不過身體從國小、國中開始就很僵硬的人，往往很難完美地做出基本姿勢。連在體壇大放異彩的選手中也有這樣的人，他們愈是想要做出理想中的基本姿勢，就愈是無法如願，最後甚至有可能開始討厭肌力訓練。在這種情況下，要採取的方法是調整基本姿勢，來配合該選手的身體特徵，也就是配合該選手的骨盆或髖關節狀態，使其能順利使用其他部分。

　　在運動中表現活躍的選手，即使骨盆周圍或髖關節很僵硬，也並非

全身都很僵硬，有可能他的肩膀或肩胛骨周圍的可動範圍很大，或背脊周圍的肌肉很柔軟。能在運動中表現活躍，代表身體的某個部位是具有柔軟度的。舉例而言，像是因為擅長使用反作用力的動態伸展，所以可以做到「既柔軟又俐落的動作」等等。在這種情況下，不使用反作用力的靜態伸展，將有助於完成需使用全身的深蹲。

至於如何選擇伸展運動，必須有賴現場指導者的觀察力、洞察力以及經驗，並判斷哪一種動作最適合用來提升技術力。從小就做提高全身柔軟度的伸展運動並表現活躍，是最理想也是最基本的，不過如果從小骨盆周圍或髖關節就很僵硬，並且以這樣的身體活躍至今的選手，若以靜態伸展為優先，將深蹲姿勢改成基本姿勢，那麼肌肉的生長方式說不定會改變。如此一來，恐怕也會對競技動作產生影響。**當肌肉平衡產生急遽變化時，也有可能摧毀競技動作的技術。**

此外，身在體育界的人，必須在一定期間內創下亮眼的表現，因此能強化競技動作的肌力訓練，當然是比較有利的，更進一步來說，能強化肌力訓練的靜態伸展，重要性自是不言而喻。

（3）伸展的部位與方法

伸展時要用正確的姿勢，不使用反作用力，緩慢而確實地放鬆力道。伸展的部位與主要使用的肌肉則如右表 4.1 所示。

伸展運動也有使用反作用力的方法，或與同伴一起進行的方式，但此處介紹的基本方法，是可以獨自進行而不使用反作用力的簡易伸展運動。

身體僵硬的人，往往會以「用力」的狀態做伸展運動。這樣的人首先要放鬆力道，在伸展前先鬆開肌肉。一開始請輕輕甩動手腳，如此一來即可確認肌肉是否已經放鬆。

操作各項目要先理解關節的運作與肌纖維的方向，並用正確姿勢緩慢而確實地進行伸展。呼吸要配合動作，一邊緩慢地吐氣一邊進行。若可以，請用開懷的心，一邊吐氣一邊伸展到舒服的位置。**如果太刻意想要伸**

表 4.1　伸展運動的部位與主要的肌肉

	部位	主要的肌肉
1	胸廓	胸大肌、前鋸肌、闊背肌、斜方肌
2	肩胛骨周圍	胸大肌、闊背肌、三角肌、斜方肌、前鋸肌
3	肩關節	三角肌、斜方肌、胸大肌、闊背肌
4	脊椎（胸椎、腰椎）	豎脊肌、腹部肌群
5	骨盆周圍	臀大肌、豎脊肌下半部、腹直肌
6	髖關節	腰大肌、股四頭肌、膕旁肌、臀大肌、臀中肌、臀小肌、內收肌群
7	頸部	斜方肌、胸鎖乳突肌、頭夾肌
8	手肘	肱二頭肌、肱三頭肌、肱肌、肱橈肌
9	膝蓋	股四頭肌、膕旁肌
10	手腕	屈腕肌群、伸腕肌群
11	腳踝	腓腸肌、比目魚肌

展，很容易不自覺就開始用力，使肌肉變得僵硬，呼吸也會停止。記得放鬆肌肉的力道，不要一直想著要伸展，只要一邊進行，一邊確認有無伸展開來即可。

（a）立姿伸展運動

　　伸展小腿（腓腸肌、比目魚肌）時，雙腳一前一後打開，但不必打開到最大，另外後腳的腳跟要著地（見下頁圖 4.4）。一邊同時伸展阿基里斯腱，一邊讓朝前的腳尖對齊膝蓋的方向。若膝蓋只彎曲一點點，比較容易在伸展時意識到小腿。

　　膝蓋屈伸時，腳尖稍微向外打開，膝蓋往腳尖的方向突出，腳跟貼地也可以伸展到股四頭肌與小腿。若彎曲背肌，也可以伸展到豎脊肌；若刻意保持挺直，則可以伸展到股四頭肌、臀大肌或膕旁肌。

圖 4.4　小腿的伸展與膝蓋的屈伸

圖 4.5　肩膀前後轉動

　　肩膀的伸展請從手臂前後轉動開始（見圖 4.5）。向前轉動是從「立正」的狀態開始，保持雙臂伸直並向前伸展，讓肩胛骨朝外側打開，然後上提肩胛骨，變成萬歲姿勢，再把兩邊的肩胛骨往內側夾起，同時盡量大幅度地往後旋轉，最後回到原來的立正姿勢。向後轉動則是朝相反的方向，姿勢要保持挺直，並一邊大口吸氣，一邊緩慢而確實地伸展。盡量使用該部位最大的可動範圍，活動肩關節與肩胛骨。

　　若用一隻手臂將另一隻手臂抱在胸前並貼近胸口，主要能伸展三角肌的後束（見圖 4.6）。手臂在舉起的狀態下彎曲手肘，其中一隻手抓住另一手的手肘往內側扳動，則能伸展肱三頭肌、肩關節或肩胛骨周圍的肌肉。

　　由於手肘會做樞紐運動，因此要把手朝著肩膀彎曲（見圖 4.7）。此

圖 4.6　三角肌後束伸展（左）與肱三頭肌伸展（右）

圖 4.7　手肘的彎曲與手腕、手肘的伸展

時，若用其中一隻手壓著另一隻手的手腕，可以充分伸展肱三頭肌。

　　肱二頭肌要與手腕連動伸展，一隻手臂向前伸展，掌心朝上；另一隻手抓住向前伸展的手指往下扳，即可伸展到肱二頭肌與伸腕肌群。若掌心朝下，則可伸展到屈腕肌群。

　　頸部是可動域大的椎間關節，因此可以前後左右運動，且還能旋轉（見圖 4.8）。旋轉頸部時，要意識到往前後左右動作，大幅度地轉動。

　　身體的前屈（前彎）與後屈（後仰），是胸椎與腰椎的運動（見圖 4.9）。前屈主要伸展的是豎脊肌，後屈伸展的是腹部肌群。下半身在前屈時，伸展的是臀大肌與膕旁肌，後屈時是股四頭肌。前屈時彎曲背脊，比較能伸展到豎脊肌；若背肌保持挺直，比較能伸展到臀大肌與膕旁肌。

圖 4.8 旋轉頸部

圖 4.9 身體的前屈與後屈

（b）利用地板的伸展運動

在雙腿伸直呈坐姿的狀態下，前屈可以伸展到下半身的膕旁肌與臀大肌，若雙腿打開，還可以伸展到內收肌群（見圖 4.10），脫掉鞋子後會比較容易放鬆。此外，若加上側彎動作，還可以伸展到髖關節周圍的其他肌肉群。照片中還示範了豎起腳尖，再用手往後拉的動作（坐姿分腿側彎），可以連小腿都充分伸展。

坐在地上合併腳掌或雙手抱膝貼胸，可以充分伸展到髖關節、骨盆，還有膝蓋周圍的肌肉（見圖 4.11）。

躺在地上扭轉下半身，可以伸展到腹外斜肌（見圖 4.12）。趴在地

圖 4.10 由左至右為：上半身前屈、坐姿分腿前彎、坐姿分腿側彎

圖 4.11 坐在地上，合併腳掌，及雙手抱膝貼胸

圖 4.12 由左至右：下半身扭轉、趴地撐起上半身、跪姿肩膀下趴

上，鉛直豎起雙臂撐住上半身，讓腰椎後彎，可以伸展腹直肌或腰大肌，如果再以挺胸的狀態夾起肩胛骨，也可以伸展到胸大肌。彎曲膝蓋變成跪姿，肩膀向下趴時，能打開胸廓讓胸椎後彎，伸展到胸大肌，同時也可以伸展到闊背肌、斜方肌、三角肌等肌肉。

圖 4.13 使用扶手的伸展運動

（c）使用扶手的伸展運動

使用牆壁上的扶手，可以加強伸展小腿（見圖 4.13）。請讓伸展的那隻腳，腳底板貼地，腳尖對齊膝蓋的方向。接著可以面向扶手，雙手握住扶手，其距離與肩同寬，可伸展背肌；臀部向後退，讓手腕、手肘、肩膀、髖關節呈一直線，可充分伸展到肩關節或肩胛骨周圍的肌肉。背對扶手，雙手距離與肩同寬，挺起胸膛打開胸廓，可以讓胸大肌伸展到最大的程度，並讓闊背肌收縮到最小的程度，並伸展到三角肌的前束。

（4）過度伸展所造成的肌力衰退

許多研究報告都指出，靜態伸展會讓後續的肌肉出力降低。花費太多時間做伸展運動，有可能對運動中的動作造成負面影響，雖然這也是伸展運動會提高柔軟度的一種機制，但主要還是因為肌梭的敏感度急遽下降，結締組織等的彈性也降低所致。

為了預防這種情形發生，**凡是熱身運動中的靜態伸展，每個項目的靜止時間都要設定在 15 秒左右**。目前來說，以搭配動態伸展一起進行的方法最為普遍。

話雖如此，不同的競技項目，柔軟度的必要性也不同，所以因應的方式也各不相同，必須做出適度的調整。以競技體操來說，其身體可動範圍的大小，會大幅影響表現，必須花上一段時間好好做伸展運動，而像田

徑、足球、橄欖球、棒球等項目，則不需花費那麼多時間伸展。如果想慢慢花時間提高柔軟度，放鬆緊繃的肌肉，可以在緩和運動時確實伸展。

　　了解這些事實以後，感覺會變得過度神經質，但不妨多加累積經驗，學會採取適合各項運動的伸展動作吧！

4.3 飲食及營養

（1）透過飲食培養肌肉量

　　人體共有 60 兆個細胞，而每個細胞中都在上演化學反應。為了讓其中各種胞器都能扮演好自己的角色，平日就必須從均衡的飲食中攝取營養素。碳水化合物、蛋白質（含有胺基酸）、脂肪這三大營養素，再加上維生素、礦物質，合稱為五大營養素。除了這些之外，水也是必不可少的。一般人的細胞有 75% 是水，20% 是蛋白質，其餘則包含 2% 的脂肪、1% 的碳水化合物、1% 的核酸以及 1% 的無機鹽類等等。

　　想要增加肌肉量，光靠正確的姿勢、適當的計畫，並按照運動處方來訓練是不夠的。除了這些之外，「營養（飲食）」與「休息」的平衡，是不可或缺的條件。

　　在組成肌肉的細胞內，各種胞器在肌力訓練的刺激下，會活躍地運作，並促進蛋白質的合成。胞器中製造蛋白質的工廠是核糖體，從蛋、豆、魚、肉類等飲食中攝取的蛋白質，通過胃、腸、肝臟分解成胺基酸，再由血液輸送到細胞，經核糖體合成為蛋白質後，就會誕生新的肌肉。

　　想要了解營養是否足夠，血液檢查是有效的方法。此外，也可定期尋求營養專家的建議，請其以營養學角度，確認每天的飲食內容是否合宜。

表 4.2　含五大營養素的營養餐點說明

	① 主食	② 主菜	③ 副菜（含湯）	④ 菜類	⑤ 乳製品
主要的功能	供給熱量	製造肌肉、骨骼、血液等人體組成	讓熱量的生成反應更加流暢、調整身體狀況、構成骨骼或血液的原料	消除疲勞、補充熱量	製造骨骼等器官
主要的營養素	醣類	蛋白質、礦物質、醣類	維生素、礦物質	維生素、碳水化合物	蛋白質、礦物質
主要的食品	米飯、麵包、麵食等穀物	肉、魚、蛋、大豆等主要配菜	蔬菜、薯類、香菇、海藻等小菜	水果	乳製品

（2）學習有關營養的基礎知識

　　有關五大營養素的功能或與食材相關的知識，是營養學的基礎。接下來請跟著文字，了解身體所需的營養攝取量基準（建議量、目標量、標準量），以充實每天的飲食內容。掌握營養攝取量，不只是為了長肌肉而已，「保護安全」也很重要。假如持續缺鈣，可能會變成骨質疏鬆症；持續缺鐵，可能會貧血，導致身體受傷或出現障礙。

　　首先，均衡攝取五大營養素是最基本的，但如果要增加肌肉量，必須思考如何達到必要的蛋白質攝取量。**所謂必要的蛋白質攝取量，一般人是每 1 公斤體重，需要攝取 1 公克，運動選手則是每 1 公斤體重，需攝取 1.5 到 2 公克。**蛋白質可以從蛋白質補充劑中輕易地攝取到，但請在兼顧效果與安全的前提下適量攝取。

　　在分解蛋白質時，會產生對身體有害的氨，而為了將氨變成無害的尿素，會使用到肝臟；為了將尿素這種多餘的含氮化合物持續排泄到尿液中，則會使用到腎臟。因此，攝取過多蛋白質會對肝臟與腎臟造成額外的負擔，有可能損害健康，必須特別注意。

　　此外，在攝取蛋白質的同時，還必須攝取維生素。要將蛋白質轉變成肌肉，需要維生素 B_6；要將肌肉中儲存的肝醣（碳水化合物）變成熱量，

需要維生素 B_1，含有維生素 B_1 的食物，包括豬肉、鰻魚、納豆等大豆製品、糙米飯等等。蒜頭、韭菜、洋蔥或蔥等食物中所含的大蒜素，能促進維生素 B_1 的吸收，並具有長時間儲存在體內、讓效果持續的功用。一旦肌肉中的碳水化合物枯竭，分解肌肉轉變成熱量的系統就會開始運作。

運動選手的熱量消耗量大，各種營養素的必要量也會增加。為了彌補這個部分，除了平日早、午、晚三餐會均衡攝取，還會吃補充食品或保健食品。不過，即使是再好的保健食品，過度攝取還是會對內臟造成負擔。至於是否有順利攝取上述營養，不妨接受醫院等專門機構的健康檢查，以預防內臟疾病。

雖然有些人可能會期待，保健食品能發揮像藥物一樣劇烈的效果，或僅認識保健食品，就以為自己很懂營養學，**但保健食品純粹是營養「輔助」食品，主要食品還是以平日的飲食為主。**

（3）透過飲食激出魔法般的效果

按部就班地持續努力，對肌力訓練來說很重要，但這一點在飲食上也不例外，甚至有些人透過肌力訓練與飲食，在不到 10 年內就增加 20 公斤以上的肌肉。大家可能會心想，這個人是不是吃了什麼特殊飲食，其實只是每天不間斷地控制飲食的結果。

營養攝取量會受到肌力訓練的刺激強度影響。首先，要攝取到各種營養素的基本攝取量，然後定期用體脂計確認肌肉量有無增加，一旦發現需要改善之處，就一點一滴落實進每天的飲食中。正是如此反覆執行的過程，才激發出魔法般的效果。

運動選手的蛋白質攝取量，為每 1 公斤體重，要吃 1.5 到 2 公克的蛋白質。也就是說，每當肌肉乃至體重增加，蛋白質還有其他營養素的攝取量也都必須增加才行。

看似單調的肌力訓練與日常飲食，其實只要具備正確的知識與興趣，就能享受其中，而克服痛苦訓練後的飲食，更是非常美味。

表 4.3 一日飲食建議攝取量（18 至 49 歲男性）及各種營養素的功能、食材（岡田、竹並，2018）

	項目	單位	量	主要的功能	食材
1	熱量	Kcal	2650		
2	蛋白質	g	60	肌肉、內臟、皮膚、毛髮、指甲、酵素、抗體等的原料。輔助性的熱量供給。	肉類、魚貝類、蛋、乳製品、大豆等。
3	脂肪	g	74	熱量的供給；荷爾蒙的材料；細胞膜的成分。	肉（肥肉）、魚貝類（脂肪）、堅果類、乳製品、食用油等。
4	碳水化合物	g	398	熱量的供給。※ 腦、神經細胞或紅血球是以葡萄糖為熱量來源。	米、小麥（麵包）、玉米、薯類、水果、砂糖等。
5	維生素 A	μg	900	維持正常的視覺；維持皮膚與黏膜的健康。	肝臟、鰻魚、星鰻、蛋黃、黃綠色蔬菜等。
6	維生素 D	μg	5.5	促進鈣質的吸收；促進男性荷爾蒙的分泌。	魚類（鮭魚、沙丁魚、鯡魚、吻仔魚乾）、黑木耳等。
7	維生素 E	mg	6.5	抗氧化作用、促進血液循環；參與性荷爾蒙的生成。	植物油、奶油、杏仁、堅果、花生等等。
8	維生素 B$_1$	mg	1.4	促進醣類的代謝；維持正常的神經功能。	豬肉（尤其是腰內肉、豬腿肉、生火腿）、鱈魚子、鰻魚、青豆等。
9	維生素 B$_2$	mg	1.6	抗氧化作用、促進蛋白質合成；促進三大營養素（尤其是脂肪）的代謝。	肝臟、鰻魚、魚肉腸、納豆、蛋等。
10	維生素 B$_6$	mg	1.4	促進蛋白質或胺基酸的代謝；參與神經傳導物質的合成。	魚肉（尤其是鮪魚、鰹魚）、肝臟（尤其是牛肝）、雞肉、蒜頭等。
11	維生素 B$_{12}$	μg	2.4	輔助紅血球的合成；參與脂肪的代謝；維持神經的運作。	蛤蜊、牡蠣、肝臟、秋刀魚、鱈魚子、紫菜等。
12	維生素 C	mg	100	抗氧化作用；蛋白質（膠原蛋白）合成的必要營養素。	蔬菜、水果（尤其是西印度櫻桃、柿子、甜椒、青花菜等）。

13	鈉	mg	未滿 3150	與鉀一同維持心肺功能和肌肉的正常運作、調整滲透壓，也是食鹽的主要成分。	鹽、醬油、味噌、酸梅、火腿、鱈魚子、魚肉腸、醬菜等。
14	鉀	mg	2500	調整心肺功能或肌肉的運作；調整細胞內液的滲透壓或血壓。	納豆、大豆、蒜頭、菠菜、韭菜、真鯛、鰹魚、竹筴魚等。
15	鈣	mg	650	形成骨骼或牙齒；輔助肌肉的收縮；參與細胞分裂或酵素反應等作用。	吻仔魚乾、西太公魚、鯖魚罐頭、牛奶、起司、炸豆皮、豌豆等。
16	鎂	mg	370	活化 300 種以上的酵素；輔助鈣質的運作。	吻仔魚乾、納豆、炸豆皮、蛤蠣、文蛤、牡蠣、醃蘿蔔等。
17	磷	mg	1000	形成骨骼或牙齒；提高醣類的代謝；細胞膜或核酸的組成成分。	吻仔魚乾、鮪魚、鱈魚子、蛋黃、牛奶、起司、火腿、豬肝等。
18	鐵	mg	7.5	血液中紅血球所含的血紅素主成分，可將酵素輸送到全身。	肝臟、鰻魚肝、蛤蠣、蛋黃、炸豆皮、紫菜等。
19	鋅	mg	10	參與新陳代謝或細胞分裂的酵素組成成分；維持正常的味覺。	牡蠣、螃蟹、肝臟、牛肉、蛋黃、卡門貝爾軟起司等。

摘自厚生勞動省《日本人的飲食攝取基準》（2015 年版）

注釋
・「維生素 D」、「維生素 E」、「鉀」與「磷」的數值是「1 日的標準攝取量」。
・「鈉」的數值是「1 日的目標攝取量」。
・「維生素 A」的含量為「視黃醇活性當量」。
・「維生素 E」的含量為「α- 生育酚」的數值。
・「脂肪」是以「1 日攝取熱量」（2650Kcal）的 25% 來計算 1 日的攝取目標。
・「碳水化合物」是以「1 日攝取熱量」（2650Kcal）的 60% 來計算 1 日的攝取目標。
・「維生素 A」、「鈣」、「鎂」、「鐵」的「1 日建議攝取量」為 30 到 49 歲的數值。

4.4 休息

（1）訓練效果能在休息期間獲得

　　打造健康必須要在「運動、營養、休息」三者之間達到平衡。進行訓練並攝取營養後，透過休息讓身體恢復，能使肌肉更發達。為了激發肌力

訓練的效果，休息與營養（飲食）一樣不可或缺。

　　做肌力訓練的人，往往會對休息產生愧疚感或罪惡感。在訓練與飲食上的努力姿態，是眼睛看得見的，但躺下來睡覺，卻不像是在努力的樣子。因此，才會比運動或營養更受到輕視吧！接下來就一起來理解，為什麼「訓練的效果能在休息期間獲得」吧！

（2）積極的休息

　　做完肌力訓練並攝取營養之後，相信很多時候並不會特別去注意什麼事，但此時應該要有意識地把時間用來休息。這就是所謂積極的休息。**為了把營養輸送到全身，早餐與午餐後的 1 到 2 小時，要盡可能放鬆度過。**晚餐後要透過睡眠，讓身體火力全開地打造肌肉。深度睡眠可以讓促進肌肉生長的生長激素分泌量，達到最大的程度。

　　當然，除了要保留睡眠時間，還要打造出可以熟睡的環境，例如關掉照明，讓房間變暗；也要注意室溫，以免身體受寒；床鋪、床墊、棉被、枕頭的厚度或柔軟度還有睡衣，也都與助眠有關。

　　深度睡眠也能促進疲勞的修復，讓人能神清氣爽地醒來。不僅是肉體的疲勞而已，還能一併消除精神上的疲勞，讓人感覺煥然一新。

（3）懂得休息的勇氣

　　隨著深蹲或臥推的紀錄不斷更新，肌肉日益增長，內心也會產生只要肯努力，一定會愈來愈進步的信念，也有可能把每週 2 次的訓練，增加到每週 3 次或 4 次。這從某方面來說是很自然的事，我認為這樣的經驗也是必須的，但如果不懂得踩煞車，可能會導致受傷或異常，這就是過度訓練、過度使用。有過這些經驗以後，就會親身體會到休息的重要性，然後重新恢復每週 2 到 3 次的訓練。

　　不過，曾經每天做肌力訓練的人，一旦把頻率減少到每週 2 至 3 次，

幾乎大部分人都會感到不安，認為這樣無法產生效果。就像原本做 5 組深蹲或臥推的人，一旦減少為 3 組，很容易產生負面思考，認為無法提高效果。在「原本花 1 小時做的訓練，改成在 30 分鐘內結束，比較能提高效果」的想法前方，矗立著一堵巨大的高牆。想要一躍而過，必須要有戰勝不安與恐懼的勇氣，與改變目視方向的典範轉移（paradigm shift），改變至今為止的思考模式，即「從過程到結果的轉換」、「從量到質的轉換」。

最一開始的課表，是用簡單的項目建立計畫與處方（頻率、強度、時間）。若按照基本的處方，頻率是每週 2 到 3 次，強度為 10RM，訓練時間大約是 30 分鐘。只要能用這樣的課表提高效果，就能親身體會到休息的重要性及加乘效果，並學會積極地休息。軟銀鷹一向採取基本處方，卻創造出戲劇性的效果。

筆者目前為軟銀鷹的王貞治會長，提供慢速訓練的指導。我設計給王會長的處方，頻率是每週 2 到 3 次，強度為 1 組 10 次，可以游刃有餘地慢慢完成，每次用 10 分鐘進行 5 種項目。當我告知處方內容時，他懇切地表示：「我很想要每天訓練，但休息也是需要勇氣的吧！」王會長讓我意識到什麼叫「懂得休息的勇氣」。

·運·動·博·士·小·專·欄·

髖關節周圍的肌肉疼痛

從事競技運動 30 年的資深選手，有可能會面臨難治的肌肉疼痛。部位是從髖關節到臀部、腰部，不同時期疼痛的部位還會有所變化，例如原本是臀部在疼痛，後來移動到髖關節前側，就是這種症狀的特徵。初期只要身體暖和，就可以在不會痛的狀態下進行訓練，但訓練完的當天晚上或隔天又會開始疼痛。疼痛部位的肌肉很僵硬，也有可能發現如疙瘩般的硬結。會產生疼痛感的肌肉，包括髖關節外旋肌群（梨狀肌、孖肌、閉孔肌等）、闊筋膜張肌、臀部肌群（臀大、中、小肌）、多裂肌等。服用消炎

止痛藥多少能減輕疼痛，但效果無法持續，嚴重時也有可能在晚上睡覺時被痛醒。雖然用按摩或伸展來鬆開疼痛的硬結，可以減輕疼痛，但在幾小時到幾分鐘之內就會恢復原狀。由於疼痛會往下肢發散，因此也經常被誤認為坐骨神經痛或退化性髖關節炎。

　　這種病症原因不明，連骨科醫師也束手無策，對症療法包括熱敷療法、伸展運動、針灸治療、超音波導引肌筋膜剝離術等。寒冷刺激或疲勞與疼痛有關，即使做胸部或背部等其他部位的訓練，也會增強髖關節周圍的疼痛感。另外，這種病症似乎也與薦髂關節的可動性有關聯，若對這個部位進行阻斷，過往經驗也曾出現顯著效果。目前可以提供的建議有：

　　① 泡澡暖和身體；獲得充足睡眠以消除疲勞，並伸展臀肌或膕旁肌。

　　② 減少訓練的頻率，或改變訓練的內容。

4.5　健身護具

　　用來輔助訓練並提高訓練效果的工具，稱作「健身護具」，以下介紹的幾種均是。這些護具不僅能提高效果，還能保護我們的安全，同時也讓訓練變得更有趣。

（1）健身腰帶

　　使用健身腰帶有以下三個優點：

　　① 預防腰痛

　　② 利用腹壓

　　③ 促進腰部緊繃或疲勞消除

　　在 10RM 的訓練中，有些項目會對腰部造成較大的負擔，例如深蹲、硬舉、俯身划船等。使用腰帶可以有效加強腹壓的利用，可能可以挑戰更重的高重量訓練。因此在某些情況下，也需要學習一些比較容易利用

腹壓的使用方法。

　　調整繫腰帶的位置，可以更有效利用腹壓來加強效果。深蹲時，若繫在下腹部的低腰位置，會比基本型更適合上半身挺立的姿勢。繫在中腰則適合基本型；高腰則比起基本型，更適合上半身前傾的姿勢（見下圖4.15）。

　　這是因為受到重力的影響，上半身愈向前傾，從重心線到髖關節的力臂愈長，豎脊肌的負擔也就愈大。因此，把腰帶繫在高腰位置，可以減輕豎脊肌的負擔，並順利地利用腹壓。

低腰　　　　　　　　中腰　　　　　　　　高腰

圖 4.15 健身腰帶的多種繫法

　　熟習腰帶的使用方式，還能提高消除腰部緊繃或疲勞的效果。請調整繫腰帶的位置或強度，盡量減輕腰部的負擔，如此一來，即可加快恢復的速度。

　　反過來說，使用腰帶的缺點是不易幫助強化軀幹，如果不使用腰帶就無法利用腹壓，因而沒有辦法舉起高重量。平常會使用腰帶的人，如果突然沒繫腰帶做訓練，不僅會感到不安，甚至有可能一時之間不知道如何施力。因此，**最好抱持著「借助但不依賴腰帶」的心態來使用**。腰帶除了用來保護我們的安全，也是一種學會如何提高腹壓的手段。另外還有一種方法是在使用腰帶的同時，也可以從較輕的重量開始卸下腰帶，一邊確認是否成功地提高腹壓。

　　健身腰帶也有分成不同的種類（見圖4.16），可以依照目的或項目來選用。（a）的腰帶是健力比賽用的，適用於深蹲、硬舉或附身划船中的高重量。（c）的腰帶是幾乎適用於所有肌力訓練項目的一般腰帶。（b）的腰帶則介於前面兩款腰帶的中間，適用於一定程度的高重量與多種訓練項目。

(a) 寬 10 公分、　　(b) 寬 10 公分、　　(c) 腹側寬 5 公分、
　　厚 1 公分　　　　　　厚 0.6 公分　　　　　腰側 8 公分、厚
　　　　　　　　　　　　　　　　　　　　　　　　0.8 公分

圖 4.16 各種健身腰帶

（2）拉力帶

　　當使用到一定程度的重量以後，握力就會碰到極限，因為無法握好而導致槓滑落下來。碰到這種情況時，使用拉力帶就能加以改善。

　　使用拉力帶的代表性項目，是滑輪下拉或引體向上。除此之外，還

圖 4.17 傳統式拉力帶（左）與護掌式拉力帶（右）

有使用槓鈴或啞鈴的俯身划船、高重量啞鈴的單手划船，或滑輪坐姿划船等。使用拉力帶可以在使用高重量訓練之餘，更容易意識到闊背肌的運動，而具有相同功能的健身護具還有護掌式拉力帶（見圖 4.17）。

　　拉力帶還可以使用在槓鈴彎舉或啞鈴彎舉等各種項目中，但如果過度依賴，有可能會妨礙前臂肌肉群的強化。基本上就跟健身腰帶一樣，請保持「借助但不依賴」的心態來使用。

（3）護腕

　　纏繞在手腕上的護腕，使用目的是為了保護手腕（見圖 4.18），在使用高重量的臥推或啞鈴推舉中非常有效。適當調整纏繞的方式，使用起來會發揮更好的效果。請先學會握法才不會對手腕造成負擔，然後再開始使用。萬一習慣了對手腕造成負擔的握法，一旦拿掉護腕就會變得無法進行訓練，需特別留意。

圖 4.18 纏繞護腕的方式

第5章 | 關於肌力訓練，最多人問的 5 個問題

　　近來，雜誌、書籍或電視節目上常大量地討論肌力訓練的用處，其中雖然也有媒體認真提出具有科學根據的內容，但許多都過度在意觀眾的眼光，於是比起教育性，似乎更多內容是趣味導向。那些光是紙上談兵而沒有親身體驗過肌力訓練的人，設計出來的復健課表或治療方法，儘管符合學術性，卻缺乏實質的內容。

　　剛開始肌力訓練的前 3 個月，因為是從零起步，所以看得見效果，但在那之後就不容易再有任何變化。反之，也有人是本身熱衷於肌力訓練，但在醫療現場的臨床經驗尚淺，他們的建議也容易偏向個人經驗，因此要特別注意。

　　有段時間流行支付大筆金錢來進行體態改造，但本質上就是嚴格進行既有的肌力訓練與飲食管理而已，並沒有什麼創新的內容。因此，本篇筆者將站在運動器官治療的第一線，從運動醫學科（前骨科）的立場，來回答有關肌力訓練的疑問。以下介紹的是造訪運動醫學科門診的人，最常諮詢的五個代表性疑問及回答。

Q1 「肌力訓練」能治好腰痛嗎？

　　桂子女士：「我大概從 10 年前開始，每年都有 1、2 次腰痛得無法動彈。醫院的醫師說我腰痛是因為腹肌太弱了，要我做肌力訓練。我有拿到宣傳手冊，但真的只要做肌力訓練，腰痛就會好嗎？」

　　這是很難回答的問題，答案有好幾種。首先要看腰痛的原因是什麼，比方說，如果是在骨質疏鬆症導致腰椎椎體壓迫性骨折後、癌症骨轉移導

圖 5.1　腰痛的女性

致椎體發生病理性骨折，或是因椎間盤突出而麻痺等情況下，肌力訓練本身就是禁忌。桂子女士年約45歲，身體還很健康，所以應該不是屬於這些特殊狀態。即使是所謂的閃到腰，疼痛也有可能是來自肌肉或筋膜、椎間盤、椎間關節等各種原因，確實請醫師診斷出腰痛原因是很重要的（見圖 5.1）。

　　不管是哪種腰痛，急性期的疼痛很強烈時，必須靜養或藉由藥物來止痛，有時還要用護腰固定，以維持日常生活，疼痛無法減輕時，甚至有可能要住院。等到疼痛減輕，能夠活動到一定程度後才能開始運動。換句話說，**與其說是靠運動來治療，不如說是靠運動來預防復發**。

　　桂子女士的腰痛讓醫師說出「請鍛鍊腹肌」的建議，恐怕腰痛的原因是姿勢吧！觀察桂子女士的站立姿勢會發現，呈現骨盆前傾、腰椎內凹的狀態，也就是所謂「拱腰」或「翹屁股」，常見於腹肌呈鬆弛狀態、主要以背肌支撐軀幹且反覆腰痛的人身上。實際上，腰痛很多都肇因於站立或坐著時的姿勢異常，這種姿勢異常可能是薦髂關節或脊椎的可動性差、腹部或背部的肌肉攣縮或肌力弱等原因所造成。

　　若想改善攣縮或可動性，必須做伸展運動，強化肌力則需要做肌力訓練。從這種角度來說，「請做肌力訓練強化腹肌」的說法並沒有錯，但其中省略了很重要的事。並不是「只要做肌力訓練就能消除疼痛」，而是「請先做下肢或骨盆周圍的伸展運動，讓軀幹與骨盆附近變得柔軟，然後再做肌力訓練，以強化軀幹肌肉，矯正姿勢，才能消除腰痛」，這樣才是詳盡的說明。

　　接下來，必須選擇肌力訓練項目，並階段性地提高強度，以避免疼痛復發。沒有一種所謂萬能的、只要單做該項目就沒問題的肌力訓練。此外，缺乏肌力的人不僅是肌肉量少而已，很多時候目標肌肉也都無法順利地收縮，必須再次讓肌肉活化。如果沒在一開始就進行活化的指導，就會

抱著錯誤的意識做出似是而非的動作，如此一來，不僅沒有效果，反而還會造成腰痛復發。

　　此時最重要的，就是建構「良好的姿勢」。正因為沒有正確的姿勢，才會讓腰椎過度前彎、後凸或扭曲（見圖 5.2）。請看著鏡子確認自己的姿勢，並反覆練習軀幹的肌肉，養成良好的習慣。一旦學會保持良好姿勢，有可能身高會變高 1、2公分，或是運動表現變好。

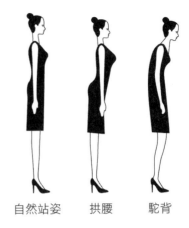

自然站姿　　拱腰　　　駝背

圖 5.2　穿高跟鞋的女性站立姿勢

重　點	在腰痛的治療或預防上，重要的是維持良好的姿勢，因此才需要做伸展運動或肌力訓練。

Q2　「肌力訓練」能預防肩膀或手肘脫臼嗎？

　　真一郎同學：「聽說肌力訓練可以預防肩膀脫臼，這是真的嗎？我有個橄欖球社的朋友，因為擒抱而肩膀脫臼，之後又反覆脫臼了好幾次。最近聽說連在床上伸懶腰都會脫臼，弄得他很困擾。」

　　肩膀的習慣性脫臼，是因為關節囊或韌帶脫離肩胛骨後，變得鬆弛所引起，因此即使位於關節囊外側的胸大肌、三角肌或旋轉肌袖變得再強，還是一樣會脫臼。嚴格來說，必須透過手術將脫離的部位縫緊，讓關節恢復到穩定堅固的狀態，否則無法防止脫臼。

　　第 58 代橫綱千代富士在現役時代，肩膀經常脫臼。雖然他靠肌力訓練打造出一身肌肉盔

圖 5.3　肩膀脫臼

甲，確實比較不容易脫臼，但晉升橫綱以後，只要碰到勉強的肢體位置，還是不免會脫臼（見圖 5.3）。像這樣製造出不易脫臼的狀況或獲得代償動作，可以做到一定程度的預防，但並不能取代手術。

真一郎同學的朋友如果肩膀這麼不穩定，連在床上伸懶腰都會脫臼，最好還是接受手術治療。

重　點	光靠肌力訓練，無法預防肩關節或肘關節的脫臼。

Q3 如果有肌力，手術會恢復得比較快嗎？

桂子女士：「我有兩個朋友因為膝蓋前十字韌帶斷裂而接受手術，為了慶祝她們康復，我們一起去吃飯。朋友 A 是個很有活力的女性，平常就會上健身房，偶爾還會去滑雪；朋友 B 則是討厭運動的人，頂多會出門購物而已。平常有運動習慣的 A，住院 2 週就出院而且行動自如；B 卻住院超過 4 週。兩人都有使用腋下拐杖，但 B 看起來一副膽顫心驚的樣子。明明她們讓同一位醫師用同樣的方式動手術，為什麼卻會差這麼多呢？」

術後的恢復不僅與手術大小或種類有關，也與患者的個性、對疼痛的感受度，還有運動經驗等因素有關。一般來說，**平常有運動習慣的人，術後恢復比較快，復健也會進行得比較順利。其中一個理由就是「肌肉」。**術後因為疼痛或不安的關係，不敢馬上用太大的力氣，所以肌肉會逐漸萎縮消瘦，這就是廢用性萎縮。

第二個理由是大腦與肌肉迴路的問題。大腦會把開關指令傳送到目標肌肉，透過施力與放鬆來活動關節。平時經常運動的人，這條迴路比較發達，從術後早期開始，就能順利地調節肌肉收縮。平時不運動的人，由於這條迴路無法順利運作，因此大腦的指令有可能傳達不出去，或是路線混淆，導致其他肌肉也一起用力。況且在術後傷口還會痛時，要做這種訓練並不容易。

　　第三個理由是因為平常就很習慣訓練後要讓疲勞消除，因此代謝率較高，荷爾蒙的分泌也很旺盛。即使是在接受手術的情況下，似乎也比較容易促進組織的修復或重組。

重　點	平時就要鍛鍊身體，以儲存肌肉或體力，才能活化大腦－神經－肌肉的迴路。

Q4　「肌力訓練」可以治療或預防肩頸僵硬嗎？

　　桂子女士：「我最近肩頸僵硬很嚴重，有時連做家事都很不舒服。請問有辦法改善嗎？」

　　肩頸僵硬指的是橫跨後頸部到背部的斜方肌，出現淤塞不通的緊繃感、不適感、痠痛感、沉重感或疼痛等狀態。這不同於頸椎或椎間盤等部位有器質性異常所造成的頸椎病或椎間盤突出。此外，跟原因出在肩關節周圍，並造成可動範圍受限的四十肩或五十肩也不一樣。肩頸僵硬雖然並不是正式的病名，卻在日本厚生勞動省《國民生活基礎調查手冊》（2015年度）中，分別占男女有自覺症狀者率中的第二名與第一名。目前對此病症的了解並不多，也沒有決定性的治療法。不過，原因有可能是長時間維持頸部或背部緊繃的姿勢、彎腰駝背，或是受到寒冷刺激等。現代人經常使用電腦或智慧型手機，使得肩頸僵硬的人愈來愈多。

　　桂子女士：「我使用手機或電腦的時間的確很長，這樣不太好對吧？但我有個男同事非常喜歡做肌力訓練，他好像不會肩頸僵硬。這是為什麼呢？」

　　桂子女士，妳注意到重點了。**只要定期用正確姿勢做肌力訓練，姿勢就會改善，不容易發生肩頸僵硬。**雖然在訓練過後，斜方肌、闊背肌、三角肌或胸大肌等部位會產生肌肉痠痛，但幾天後就會消失。只要睡眠充足

並補充營養，似乎也就不會產生頑固的肌肉硬結，比較不容易演變成肩頸僵硬。

此外，下班後先去健身房而不直接回家，也就不會把職場壓力帶回家，且專心投入肌力訓練，也能重新振作精神，忘掉討厭的事。等回到家裡時，肚子也差不多餓了，不僅食慾比較好，適度的肌肉疲勞也能讓人更容易入睡。或許愈是壓力大的人，愈需要做肌力訓練。只是若時間太晚，不適合做太激烈的肌力訓練，反而會造成反效果，使交感神經變得亢奮，難以入睡。如果只能在晚上 8 點左右做肌力訓練，請記得先吃點輕食，訓練完後再少量補充一些容易消化吸收的食物，並在晚上 11 點以前就寢。

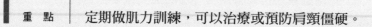

重　點	定期做肌力訓練，可以治療或預防肩頸僵硬。

Q5　為什麼上了年紀後，站姿或走路都會歪呢？

桂子女士：「雖然我年輕時也穿過高跟鞋，但最近連穿包腳跟鞋都覺得腳很累。我也想像模特兒一樣，穿著高跟鞋，自信瀟灑地走路。」

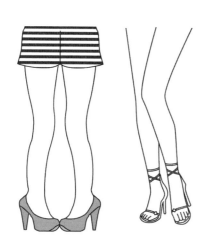

圖 5.4　內八字、O 型腿（左）與理想的腿（右）

我想有很多女性都希望能穿著迷你裙加高跟鞋，自信瀟灑地走在街上。但實際上，似乎有很多人會變成膝蓋開開的 O 型腿，或稍微彎曲膝蓋像鴨子一樣走路（見圖 5.4）。

此外，相信大家也看過舉步維艱地推著購物車行走的老婆婆（見圖 5.5）。她們在年輕時往往有輕微的 O 型腿，然後隨著年歲增加而日益惡化。如果到了這種程度，就必須做人工關節置換等手術。為什麼會惡化到這種程度呢？

　　原因有很多，舉凡生活環境、飲食營養或年齡增長都有可能影響，但 O 型腿的年輕女性與老婆婆相比，有一個明顯的共通點，那就是站立時的肌肉活動，即兩者的臀肌與內收肌的活動都比較少。反觀自信瀟灑穿著高跟鞋走路的女性，

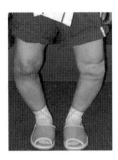

圖 5.5　老婆婆的 O 型腿

儘管雙腿纖細，卻可以很清楚地看到臀肌與內收肌群的肌肉活動。有 O 型腿的年輕女性，似乎從小就像圖 5.6 一樣，坐著或站立時有內八字、內旋位的習慣。

　　近年來，關注這一點的美腿講座或沙龍似乎盛況空前。這並不是一定要支付大筆金錢才能改善的事，也不需要特殊道具或裝置，只要意識到站立姿勢並加以改善，再配合正確姿勢的深蹲就夠了。

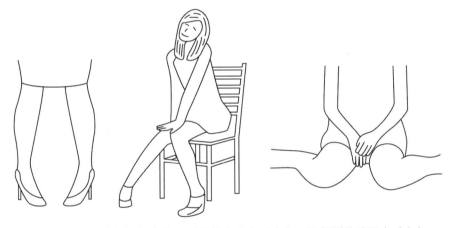

圖 5.6　O 型腿（左）與造成 O 型腿的內八字（中），及俗稱的鴨子坐（右）

重　點	為了自信瀟灑地邁步，必須強化臀肌與內收肌。

圖解 54 種肌力訓練

附 錄

　　本書截至目前為止的正文中，解說了包含各種理論或個案研究在內的肌力訓練。只是關於肌力訓練的各個項目，僅詳述了健力三項的深蹲、臥推、硬舉，以及俯身划船而已。因此，最後在附錄的部分，將概略介紹代表性的項目。在自重負荷或低負荷強度的項目上，原則上皆採取慢速訓練。

動作說明
① 各項目的照片說明部分，上方皆為「預備姿勢」，下方則為「動作分解」。
② 圖片間所標示的是吸氣與吐氣的時間。
③ 動作說明中的標示，則代表下列事項：

　　主 主動肌，即主要動作到的肌肉　　**協** 協同肌，輔助動作的肌肉
　　重 重點，動作時要特別留意的地方　　**注** 注意事項，動作時要注意的事項

01　印度深蹲（利用椅子的靠背）　對象：幼兒、缺乏體力的高齡者
主 股四頭肌、膕旁肌、臀大肌　**協** 內收肌群、豎脊肌、小腿後側肌　**自重**

預備 ❶ 握住椅背，雙腳的腳跟與肩同寬。❷ 腳尖稍微朝外打開，伸直背肌，目視前方。**重** 整個腳底板踩在地面上，保持平衡。**注** 不要離椅子太遠。

吸氣 3 秒 ➡
⬅ 吐氣 3 秒

開始 ❸ 臀部向後蹲下。❹ 蹲低時，膝蓋來到腳尖的正上方（小腿與背肌平行）。❺ 一邊伸展髖關節，一邊站起來。**重** 背肌保持伸展的狀態。**注** 不要駝背、膝蓋不要往內夾。（※ 深度可配合個人體力調整）

02 印度深蹲（利用椅子）　對象：缺乏體力的高齡者
主 股四頭肌、膕旁肌、臀大肌　**協** 內收肌群、豎脊肌、小腿後側肌　自重

預備 ❶ 腳跟靠著前側椅腳，淺淺地坐下，雙腳的腳跟與肩同寬。❷ 腳尖稍微向外打開，腳尖來到膝蓋的正下方。❸ 雙手輕碰膝蓋或抱在胸前。❹ 伸展背肌，目視前方。**重** 整個腳底板踩在地面上，保持平衡。**注** 不要駝背。

吸氣 3 秒 ➡
⬅ 吐氣 3 秒

開始 ❺ 一邊伸展髖關節，一邊站起來（背肌保持挺直）。❻ 臀部向後坐下。**重** 背肌保持伸展的狀態。**注** 不要駝背、膝蓋不要往內夾。（※ 也可以配合個人體力，在椅子上鋪坐墊）

03 印度深蹲　對象：小學生以上
主 股四頭肌、膕旁肌、臀大肌　**協** 內收肌群、豎脊肌、小腿後側肌　自重

預備 ❶ 雙腳的腳跟與肩同寬。❷ 腳尖稍微向外打開，背肌挺直，用整個腳底板支撐身體。❸ 雙手抱在後腦勺或胸前。❹ 抬頭挺胸，直視前方。**重** 用整個腳底板支撐。**注** 腰不要過度向前挺。

吸氣 3 秒 ➡
⬅ 吐氣 3 秒

開始 ❺ 臀部往後，像要坐在椅子上一樣，依序彎曲髖關節、膝蓋、腳踝。❻ 蹲到底時，膝蓋來到腳尖的正上方（小腿與背肌平行）。❼ 一邊伸展髖關節，一邊站起來。**重** 確實蹲低下去（全深蹲或平行蹲）。**注** 不要駝背、膝蓋不要往內夾。（※ 也可以配合個人體力調整深度）

04 前跨弓步蹲（步幅中等）　對象：幼兒（滿 1 歲）以上　自重

主 股四頭肌、膕旁肌、臀大肌、腰大肌　協 收肌群、小腿後側肌、豎脊肌

預備 ❶ 雙腳併攏，背肌挺直，用整個腳底板確實支撐身體站立（腳底板的中心、髖關節、肩膀、頭呈一直線的鉛直方向）。❷ 雙手叉腰，抬頭挺胸，直視前方。重 用整個腳底板支撐身體。注 姿勢不要垮掉。

吸氣 2 秒 ➡
⬅ 吐氣 1 秒

開始 ❸ 向前跨出單腳，一邊將上半身稍微向前傾，一邊彎曲膝蓋（腳尖朝向正前方，對齊膝蓋）。❹ 前腳的腳底板穩穩踩在地上，彎曲的膝蓋來到腳尖的上方（前腳的大腿呈水平狀態）。❺ 後腳腳尖立起，腳跟離地，自然地彎曲膝蓋並保持平衡。❻ 跨出去的前腳回到原位後，換另一隻腳向前跨步。重 保持前後左右的平衡。注 膝蓋不要往內側傾斜，也不要太前面，前腳的腳跟不要離地。（※ 用步幅與深度調節強度、手持啞鈴可以提高強度）

05 俯臥舉臂抬腿（趴姿）　對象：幼兒（滿 1 歲）以上

主 背肌群、臀大肌、膕旁肌　協 斜方肌、三角肌、手臂　自重

預備 ❶ 趴在地上，手腳伸直。❷ 全身用力，抬頭看著前方 1 至 2 公尺處的地面。重 確實伸展身體。注 不要放鬆肌肉。

吸氣 2 秒 ➡
⬅ 吐氣 2 秒

開始 ❸ 同時舉起右手臂和左腿，再舉起左手臂與右腿，回到預備姿勢。（※ 習慣以後，同時舉起右手臂與左腿 5 次，再換邊也重複 5 次）重 手臂與腿要確實伸展。注 不要失去平衡。

06 俯臥舉臂抬腿（跪姿）　對象：小學生以上

主 背肌群、腹肌群　協 臀大肌、膕旁肌、斜方肌、三角肌　　自重

預備 ❶ 呈四足跪姿，用雙手、雙膝支撐身體。❷ 背部保持平坦，抬頭目視前方 2 至 3 公尺處的地面。重 用雙手與膝蓋保持平衡。注 背部不要過度拗折。

吸氣 3 秒➡
⬅吐氣 3 秒

開始 ❸ 伸直並舉起右手臂及左腿，一邊保持平衡，一邊慢慢舉起來。❹ 把舉起的手臂與腿放下，回到預備姿勢。❺ 接著舉起另一側手臂與腿。（※ 習慣以後，先連續做其中一側，再換做另外一側。在這種情況下，伸展的手臂及腿從頭到尾都保持離地狀態）重 確實伸展膝蓋與手肘。注 不要失去平衡。

07 早安運動（鞠躬）　對象：小學生以上

主 膕旁肌、臀大肌　協 豎脊肌　　自重

預備 ❶ 雙腿併攏，挺起胸膛，使背肌呈一直線（腳底板的中心、髖關節、肩膀、頭呈一直線的鉛直方向）。❷ 雙手抱在後腦勺或胸前。❸ 用整個腳底板維持平衡，目視前方。重 用整個腳底板維持平衡。注 不要放鬆軀幹。

吸氣 3 秒➡
⬅吐氣 3 秒

開始 ❹ 背部挺直，臀部向後退。❺ 抬起頭來，稍微彎曲膝蓋，讓上半身前傾至水平狀態（視線看向前方 2 至 3 公尺的地面）。❻ 保持背部挺直，回到原本的姿勢。重 適度彎曲膝蓋。注 不要駝背、臀部不要蹲太低。

08 斜身引體　對象：小學生以上
主 闊背肌　**協** 肱二頭肌、斜方肌、三角肌後束　　　**自重**

預備 ❶ 手臂打開至肩寬的 1.5 倍，並握住及胸口高度的槓。❷ 雙腿併攏置於槓的前下方，讓脖子來到槓的高度。❸ 伸直手臂，全身呈一直線，抬頭看槓（手臂與上半身呈 90 度）。**重** 身體要呈一直線。**注** 雙腿不要向前超出太多。

吸氣 3 秒 ➡
⬅ 吐氣 3 秒

開始 ❹ 保持背肌挺直的狀態，將上胸拉向槓的方向（槓與前臂會變垂直狀態）。❺ 撐著身體回到原位。**重** 身體要保持一直線。**注** 不要使用反作用力。

09 引體向上　對象：國中生以上
主 闊背肌　**協** 肱二頭肌、斜方肌、三角肌後束　　　**自重**

預備 ❶ 握拒約比肩膀寬 1 個拳頭（約 1.6 倍）。❷ 整個人懸吊在半空中，膝蓋彎曲呈直角或雙腿交叉。❸ 背肌挺直，目視著槓。**重** 打開肩胛骨（上旋、外展）。**注** 不要聳肩。

吸氣 1 秒 ➡
※ 若重視力量的
　發揮，則將呼吸
　順序對調。
⬅ 吐氣 2 秒

開始 ❹ 挺起胸膛，收緊肩胛骨。❺ 引體向上，讓上胸部靠近槓（上半身向後彎，做動作時，槓、手腕及手肘的連線呈一直線）。❻ 一邊感受重量，一邊回到原位。**重** 旋轉肩胛骨（下旋、內收）。**注** 不要只用手臂拉、不要駝背。

10 伏地挺身（跪姿）　對象：小學生以上
主 胸大肌　**協** 肱三頭肌、三角肌前束　　　　　　　　　　　　　　　　　[自重]

預備 ❶ 豎起膝蓋，四肢著地，雙手位置比肩膀略寬1個手掌。❷ 指尖稍微朝內，伸直手肘。❸ 挺胸並收緊肩胛骨，背肌打直，抬起頭來，自然地目視前方。**重** 雙膝與雙手均等地保持平衡。**注** 不要聳肩。

吸氣 3 秒 ➡
⬅ 吐氣 3 秒

開始 ❹ 維持挺胸姿勢，以頭往前伸的動作向下（背肌適度拱起，前臂保持筆直）。❺ 一邊保持平衡，一邊向上推。**重** 胸口向下來到手與手之間。**注** 手肘不要偏離手腕的正上方。（※ 用手到膝蓋之間的距離來調整負荷的強度）

11 伏地挺身（趴地跪姿）　對象：小學生以上
主 胸大肌　**協** 肱三頭肌、三角肌前束　　　　　　　　　　　　　　　　　[自重]

預備 ❶ 雙手放在胸側約1個手掌外的位置。❷ 指尖稍微朝內，前臂保持筆直。❸ 挺胸，收緊肩胛骨，背肌打直。❹ 抬起頭來，自然地目視地面。**重** 手肘保持在手腕的正上方。**注** 手的位置不要偏離胸部的側面。

吸氣 3 秒 ➡
⬅ 吐氣 3 秒

開始 ❺ 膝蓋貼著地面向上推，在不勉強的範圍內，適度拱起上半身（膝蓋到肩膀的拱形愈大，負荷愈小）。❻ 撐著身體慢慢回到原位。**重** 保持挺胸。**注** 不要駝背、不要過度挺腰。

12 伏地挺身（基本）　對象：小學高年級生以上
主 胸大肌　協 肱三頭肌、三角肌前束、軀幹肌　　自重

預備 ❶ 雙手放在胸側約 1 個手掌外的位置。❷ 指尖稍微朝內，前臂保持筆直。❸ 挺胸收緊肩胛骨，背肌打直。❹ 抬起頭來，自然地目視地面，讓身體離地。重 手肘保持在手腕的正上方。注 手的位置不要偏離胸部的側面。

吐氣 1 秒 ➡
※ 若重視力量的發揮，
　則用 1 秒（吐氣）上
　推，2 秒（吸氣）向下
　〈國中生以上可做〉。
⬅ 吸氣 2 秒

開始 ❺ 全身保持挺直的姿勢向上推。❻ 一邊忍耐一邊向下，直到胸口著地為止，回到身體離地的預備姿勢。重 保持挺胸的姿勢。注 不要過度挺腰。

13 雙槓撐體　對象：一般人
主 胸大肌下胸　協 肱三頭肌、三角肌前束　　自重

預備 ❶ 雙手握槓支撐起身體，膝蓋彎曲呈直角，雙腿交叉（槓、手腕、手肘、肩膀呈一直線的筆直方向）。❷ 挺直並固定軀幹，取得下半身與上半身的平衡，自然地目視斜下方。重 保持平衡，支撐身體。注 肩膀不要舉得太高。

吸氣 2 秒 ➡
⬅ 吐氣 1 秒

開始 ❸ 挺起胸膛，彎曲手肘讓身體向前（前臂保持筆直）。❹ 一邊維持平衡，一邊往上撐。重 保持挺胸的姿勢。注 手肘不要偏離手腕的正上方。

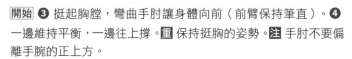

14 吊單槓 對象：幼兒（滿1歲）以上

主 前臂的屈指肌群

自重

❶ 雙手牢牢握槓，握距與肩同寬。❷ 雙腳離地懸垂，維持這個姿勢幾秒鐘。**重** 腳慢慢地離開地板。**注** 不要突然用力。

保持
自然呼吸

15 下斜仰臥起坐 對象：高中生以上

主 腹直肌、髂腰肌　**協** 股四頭肌、腹橫肌

自重

預備 ❶ 雙腳勾在腹肌板的壓腳器上，膝蓋彎曲呈直角並躺下。❷ 雙手抱頭挺胸，讓腹部凹陷（大口吸氣），眼睛注視天花板。**重** 膝蓋彎曲呈直角。**注** 腰不要離開腹肌板。

吐氣 1 秒 ➡
⬅ 吸氣 2 秒

開始 ❸ 彎曲胸口，以圓弧狀挺起上半身（抬起頭來，視線從天花板移向膝蓋）。❹ 胸部朝膝蓋的方向靠近（上半身挺起至筆直方向為止），一邊忍耐一邊回到原位。**重** 彎曲胸口挺起上半身。**注** 上半身不要向後凹。

16 捲腹 對象：小學高年級生以上

主 腹直肌　**協** 腹橫肌　　　　　　　　　　自重

預備 ❶ 仰躺在地，膝蓋彎曲呈直角，整個腳底板貼在地面上。❷ 雙手抱頭，挺胸凹腹（大口吸氣），眼睛看向天花板。**重** 整個背部貼在地面上。**注** 不要拱腰、膝蓋不要伸得太直或太彎。

吐氣 3 秒➡
⬅吸氣 3 秒

開始 ❸ 保持腰部貼地的姿勢，彎曲胸口挺起上身（視線從天花板移向膝蓋）。❹ 盡量抬頭（腹直肌用力，並盡量彎曲胸椎）。❺ 一邊忍耐，一邊回到原位。**重** 彎曲胸口，挺起上身。**注** 腰不要離地、脖子不要過度彎曲。

17 抬腿 對象：小學高年級生以上

主 腹直肌、髂腰肌　**協** 股四頭肌　　　　自重

預備 ❶ 仰躺在地，膝蓋彎曲呈直角，整個腳底板貼在地面。❷ 雙手置於臀部旁邊，挺胸凹腹（大口吸氣），眼睛看向天花板。**重** 整個背部貼在地面上。**注** 不要拱腰、膝蓋不要伸得太直或太彎。

吐氣 3 秒➡
⬅吸氣 3 秒

開始 ❸ 維持膝蓋彎曲呈直角的姿勢，像畫圓弧一樣抬起雙腿。❹ 膝蓋帶向胸部的方向，稍微超過筆直的角度。❺ 一邊忍耐，一邊回到原位。**重** 確實固定好上半身。**注** 腰不要離地、膝蓋不要伸得太直或太彎。

18　上斜仰臥抬腿　對象：高中生以上
主 髂腰肌、腹直肌　協 股四頭肌　　　　　　　　　　　　自重

預備 ❶ 仰躺在腹肌板上，膝蓋彎曲呈直角，整個腳底板貼在腹肌板上。❷ 稍微彎曲手肘並握住槓，挺胸凹腹（大口吸氣）。❸ 後腦勺貼在腹肌板上，自然地看向上方。重 整個背部貼在腹肌板上。注 不要拱腰、膝蓋不要伸得太直或太彎。

吐氣 1 秒 ➡
⬅ 吸氣 2 秒

開始 ❹ 維持膝蓋彎曲呈直角的姿勢，像畫圓弧一樣抬起雙腿。❺ 膝蓋帶向胸部的方向，稍微超過垂直於腹肌板的角度。❻ 一邊忍耐，一邊回到原位。重 確實固定好上半身。注 腰不要離腹肌板太遠、膝蓋不要伸得太直或太彎。

19　背部伸展　對象：高中生以上
主 膕旁肌、臀大肌　協 豎脊肌　　　　　　　　　　　　自重

預備 ❶ 後腳跟抵著壓腳器，伸直膝蓋，讓大腿靠在平板上（大腿放在容易活動髖關節的位置）。❷ 伸直背肌，上半身往下垂。❸ 雙手抱頭或交叉在胸前，抬起頭來，自然地看著地面。重 伸直背肌。注 不要把骨盆靠在放大腿的平板上。

吸氣 1 秒 ➡
※ 若重視力量的發揮，則將呼吸順序對調。
⬅ 吐氣 2 秒

開始 ❹ 以髖關節為支點，像畫圓弧一樣挺起上半身。❺ 上半身保持直挺，抬高到稍高於水平線。❻ 一邊保持平衡，一邊向下。重 大幅度地上下運動。注 不要駝背、上半身不要過度向後凹。

20 上斜臥推 對象：一般人
主 胸大肌上胸 **協** 肱三頭肌、三角肌前束 　槓鈴

預備 ❶ 坐在上斜臥推椅的坐墊上，背部貼著椅背躺下。❷ 握距大約比肩膀寬 1 個拳頭（肩寬的 1.6 倍）。❸ 整個腳底板踩在地板上，後腦勺貼著椅背，拱起軀幹，挺起胸膛。❹ 眼睛看著槓並從架上推起，帶到肩膀的正上方（從側面看，槓心、手腕、手肘與肩膀呈一直線）。**重** 用上背部取得平衡。**注** 肩膀與臀部不要浮起、槓鈴不要偏離肩膀正上方。

吸氣 2 秒 ➡
⬅ 吐氣 1 秒

開始 ❺ 保持挺胸的姿勢下放槓鈴，手腕與手肘始終維持在槓心正下方（拉弓的姿勢）。❻ 將槓貼近上胸部（接近鎖骨）。❼ 保持挺胸的姿勢，上推槓鈴。**重** 保持挺胸。**注** 不要傾斜槓鈴、手肘不要偏離槓的正下方。

21 站姿頸後肩推 對象：高中生以上
主 三角肌 **協** 斜方肌、肱三頭肌 　槓鈴

預備 ❶ 雙手大約握在肩膀外 1 個拳頭的位置（肩寬的 1.6 倍）。❷ 把槓扛在斜方肌最厚的地方，讓槓鈴保持穩定。❸ 雙腳的腳尖與肩同寬，腳尖稍微朝外打開。❹ 用整個腳底板的力量維持平衡，目視前方。**重** 用整個腳底板來維持平衡。**注** 上半身不要過度向後凹。

吐氣 1 秒 ➡
⬅ 吸氣 2 秒

開始 ❺ 一邊伸展手肘，一邊把槓推到頭上（槓、手腕、手肘的連線呈一直線，且保持筆直方向）。❻ 伸展手肘支撐著槓（從槓鈴的槓往下畫的重心線，位在腳底板的足弓中心點）。❼ 一邊維持平衡，一邊下放。**重** 固定軀幹。**注** 手腕與手肘不要偏離槓的正下方、注意前後左右的平衡。

22 頸前推舉　對象：一般人
主 三角肌前束　**協** 斜方肌、肱三頭肌　　　　　　　[槓鈴]

預備 ❶ 握距稍寬於肩膀，讓槓靠在脖子根部的上胸部，使槓鈴保持穩定。❷ 雙腳的腳尖與肩同寬，腳尖稍微朝外打開。❸ 用整個腳底板維持平衡，目視前方。**重** 用整個腳底板維持平衡。**注** 上半身不要過度向後凹、握距太寬會扭到手肘。

吐氣 1 秒 ➡
⬅ 吸氣 2 秒

開始 ❹ 一邊伸展手肘，一邊把槓推到頭上（槓、手腕、手肘的連線呈一直線，且保持鉛直方向）。❺ 伸展手肘支撐著槓（從槓鈴的槓心往下畫的重心線，位在腳底板的足弓中心點）。❻ 一邊維持平衡，一邊下放。**重** 固定軀幹。**注** 手腕與手肘不要偏離槓的正下方、注意前後左右的平衡。

23 聳肩　對象：一般人
主 斜方肌　**協** 提肩胛肌　**注** 也可以使用啞鈴　　[槓鈴]

預備 ❶ 雙腳略窄於肩寬，腳尖稍微朝外打開。❷ 雙手正握，握距與肩同寬。❸ 槓鈴貼著大腿，胸椎微彎，上半身稍微向前傾，手臂呈鉛直方向。❹ 用整個腳底板的力量維持平衡，目視前方。**重** 固定軀幹，伸展斜方肌。**注** 不要過度挺胸。

吸氣 1 秒 ➡
⬅ 吐氣 2 秒

開始 ❺ 頭向前伸，挺胸收緊肩胛骨，同時把肩膀往上提（把下顎往前伸，做起來比較容易）。❻ 一邊控制一邊下放。**重** 高高地聳起肩膀與肩胛骨。**注** 不要過度彎曲手肘、上半身不要向後凹。

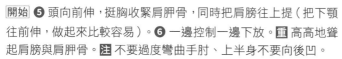

24　直立划船　對象：一般人
主 斜方肌、三角肌中束　協 前鋸肌、肱二頭肌　　　　　　槓鈴

預備 ❶ 雙腳略窄於肩寬，腳尖稍微朝外打開。❷ 握距約為兩個拳頭的距離。❸ 挺直背肌，固定軀幹，並直視前方。重 用整個腳底板保持平衡。注 腰不要過度用力。

吸氣 1 秒 ➡
⬅ 吐氣 2 秒

開始 ❹ 沿著身體前側向上拉槓。❺ 張開手肘，拉到脖子根部（手肘保持在槓的上方）。❻ 一邊忍耐，一邊回到原位。重 張開手肘。注 手肘不要放太低、槓不要離開身體前側。

25　槓鈴彎舉　對象：高中生以上
主 肱二頭肌　協 肱肌、肱橈肌　　　　　　槓鈴

預備 ❶ 雙腳略窄於肩寬，腳尖稍微朝外打開。❷ 雙手反握，握距與肩同寬。❸ 槓鈴貼在大腿上預備，前臂用力，固定手腕（前臂外側與手背呈一直線）。❹ 用整個腳底板的力量保持平衡，目視前方。重 固定軀幹。注 不要聳肩。

吸氣 1 秒 ➡
※ 若重視力量的發揮，則將呼吸順序對調。
⬅ 吐氣 2 秒

開始 ❺ 彎曲手肘，稍微向前舉起槓鈴（手腕保持直線），並把槓舉到肩膀的高度（槓來到鎖骨前）。❻ 一邊忍耐，一邊回到原位。重 大幅度地上下運動。注 手腕不要過度向外或向內彎曲、注意手肘與肩膀的動作不要太大。

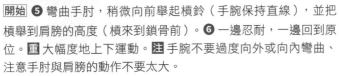

26 斜板彎舉　對象：一般人
主 肱肌、肱橈肌　**協** 肱二頭肌　　　　　　　　　　　　　　　　　　　槓鈴

預備 ❶ 坐在椅墊上，把手臂放在斜板上，使肱二頭肌朝上。❷ 握住（彎曲）槓，與肩同寬，從斜板上稍微打開腋下，稍微彎曲手肘。❸ 前臂外側與手背呈一直線，固定手腕。❹ 整個腳底板踏在地板上，目視前方。**重** 肱三頭肌與肘尖靠在斜板上。**注** 腋下不要太深入斜板、不要過度伸展手肘。

吸氣 1 秒 ➡
◀ 吐氣 2 秒

開始 ❺ 彎曲手肘，一邊舉起槓鈴，一邊把肩膀稍微退後些，以保持平衡。❻ 手肘彎曲到前臂，與上臂約呈 60 度角。一邊忍耐，一邊回到原位。**重** 大幅度地上下運動。**注** 槓不要舉太高、手腕不要向外彎曲（背屈）。

27 窄握臥推　對象：一般人
主 肱三頭肌　**協** 胸大肌、三角肌前束　　　　　　　　　　　　　　　　槓鈴

預備 ❶ 仰躺在臥推椅上，眼睛來到槓的正下方；握距與肩同寬或稍窄於肩寬。❷ 雙腳與肩同寬，腳尖稍微朝外並踩在膝蓋正下方，讓整個腳底板踩在地板上。❸ 臀部與後腦勺貼在臥推椅上，稍微拱起軀幹，張開胸腔。❹ 目視著槓並從架上推起，移到肩膀正上方（從側面看，槓心、手腕、手肘與肩膀呈一直線）。**重** 用上背部保持平衡。**注** 肩膀或臀部不要浮起來、槓鈴不要偏離肩膀的正上方。

吸氣 2 秒 ➡
◀ 吐氣 1 秒

開始 ❺ 手肘保持在槓心正下方，稍微向腹側打開下放（拉弓的姿勢）。❻ 把槓貼近胸部最高的地方，一邊用背部保持平衡，一邊往上推。**重** 大幅度地上下運動。**注** 槓鈴不要傾斜、不要對手腕施加太大的負擔。

28　仰臥槓鈴推舉　對象：一般人
主 肱三頭肌　**協** 闊背肌、胸大肌、肘肌　　　　　槓鈴

預備 ❶ 握距約為 2 個拳頭的距離。❷ 頭超出仰臥板，抬起下顎，腳尖稍微朝外打開，臀部貼在仰臥板上；手臂呈筆直方向伸展，眼睛看著槓。**重** 槓要舉在筆直方向上。**注** 握距不要太窄也不要太寬。

吸氣 2 秒➡
⬅吐氣 1 秒

開始 ❸ 保持手肘伸直的姿勢，將手臂朝頭的方向傾斜 30 度左右（挺胸打開胸廓）。❹ 肘尖對著正上方（天花板），確實地彎曲手肘（手肘再稍微往頭的方向移動，彎曲至槓快接觸到額頭為止）。❹ 伸展手肘回到原位。**重** 過程中，肘尖都要朝著正上方（天花板）。**注** 手肘不要打太開或夾太緊、手腕不要過度朝外彎曲。

29　啞鈴深蹲　對象：小學高年級、國中生以上
主 股四頭肌、膕旁肌、臀大肌　**協** 內收肌群、豎脊肌、小腿後側肌　　啞鈴

預備 ❶ 拿起啞鈴，雙腳腳跟與肩同寬。❷ 腳尖稍微朝外打開，將啞鈴舉到肩膀的位置。❸ 用整個腳底板維持平衡，挺直背肌，目視前方。**重** 用整個腳底板支撐身體。**注** 腰不要過度向前。

吸氣 3 秒➡
⬅吐氣 3 秒

開始 ❹ 臀部向後坐，像坐椅子一樣依序彎曲髖關節、膝蓋與腳踝。❺ 蹲到最低時，膝蓋來到腳尖的正上方（小腿與背肌平行）。❻ 一邊伸展髖關節，一邊站起來。**重** 要確實深蹲下去（全深蹲或平行蹲）。**注** ① 不要駝背；② 膝蓋不要內夾、不要打太開、不要太後退。

30 啞鈴推舉　對象：高中生以上

主 胸大肌　**協** 肱三頭肌、三角肌前束　　　　　　　　| 啞鈴 |

預備 ❶ 躺在臥推椅上，將啞鈴從胸側向上推舉，伸直手臂。❷ 雙腳距離稍微比肩膀寬，腳尖稍微朝外側打開，並固定在膝蓋的正下方。❸ 臀部與後腦勺貼在椅面上，挺胸拱起上半身。❹ 握距與肩同寬，手背朝著頭的方向，啞鈴保持在肩膀正上方（握把、手腕、手肘、肩膀呈筆直的一直線）。❺ 整個腳底板踩在地板上，目視啞鈴。**重** 收緊肩胛骨，挺起胸膛。**注** 握把不要偏離肩膀的正上方。

吸氣 2 秒 ➡
⬅ 吐氣 1 秒

開始 ❻ 手腕與手肘保持在握把正下方，將啞鈴下放到胸側。❼ 下放到手肘角度呈稍微小於 90 度的銳角。❽ 維持挺胸的姿勢向上推（啞鈴略微向內）。**重** 保持挺胸的姿勢。**注** 不要失去平衡、手肘不要偏離握把正下方。

啞鈴推舉的預備姿勢及動作的最低點

手背位在頭側時　　　　手背斜向 45 度角時　　　　手背朝外時

31 啞鈴推舉（使用輕重量）　對象：小學高年級、國中生以上
主 胸大肌　**協** 肱三頭肌、三角肌前束　　　　　　　　　　啞鈴

預備 ❶ 躺在臥推椅上，將啞鈴從胸側向上推舉，伸直手臂。❷ 雙腳距離稍微比肩膀寬，腳尖稍微朝外側打開，並固定在膝蓋的正下方。❸ 臀部與後腦勺貼在椅面上，挺胸拱起上半身。❹ 手背朝向外側，將啞鈴移到胸部正上方（雙手距離略窄於肩寬，手臂稍微向腹部的方向傾斜）。❺ 整個腳底板踩在地板上，目視啞鈴。**重** 挺胸。**注** 手臂不要過度斜向腹部。

吸氣 3 秒 ➡
⬅ 吐氣 3 秒

開始 ❻ 手腕與手肘保持在握把正下方，將啞鈴下放到胸側，下放到手肘角度呈略小於 90 度的銳角。❼ 維持挺胸的姿勢向上推。**重** 保持挺胸的姿勢。**注** 不要失去平衡、手肘不要偏離握把正下方。

32 上斜啞鈴推舉　對象：一般人
主 胸大肌上胸　**協** 肱三頭肌、三角肌前束　　　　　　　　啞鈴

預備 ❶ 坐在上斜臥推椅的坐墊上，將啞鈴拿到胸側。❷ 後腦勺貼著椅背，拱起軀幹，挺起胸腔，向正上方推舉啞鈴，並伸直手臂。❸ 將啞鈴移到肩膀正上方（手臂保持筆直），動作時整個腳底板踩在地板上，目視啞鈴。**重** 用上背部取得平衡。**注** 肩膀與臀部不要浮起、握把不要偏離肩膀正上方。

吸氣 2 秒 ➡
⬅ 吐氣 1 秒

開始 ❹ 保持挺胸的姿勢下放啞鈴，手腕與手肘始終維持在握把正下方（拉弓的姿勢）。❺ 將啞鈴帶到胸大肌上胸的側面（前臂保持筆直），保持挺胸的姿勢，再上推啞鈴。**重** 保持挺胸的姿勢。**注** 左右不要失去平衡、手肘不要偏離握把的正下方。

33 躺姿啞鈴飛鳥　對象：高齡者

主 胸大肌　**協** 三角肌前束、肱二頭肌　　　　　啞鈴

預備 ❶ 仰躺在地，雙膝併攏並彎曲呈 90 度。❷ 將啞鈴舉至胸部正上方，伸展手臂，挺起胸腔（手臂稍微向腹部傾斜）。❸ 啞鈴與肩同寬或稍窄於肩寬，整個腳底板踩在地面上，目視啞鈴。**重** 挺起胸腔。**注** 肩膀不要往上舉。

吸氣 3 秒 ➡
⬅ 吐氣 3 秒

開始 ❹ 稍微彎曲手肘，像畫圓弧一樣下放啞鈴，直到肘尖觸地為止（手肘觸地時，啞鈴距離地面大約 10 公分，啞鈴的位置則在胸部正側面的方向）。❺ 一邊伸展手臂，一邊保持平衡向上舉。**重** 啞鈴下放時，要在胸部的正側面。**注** 動作時不要完全伸直手肘、不要讓前臂倒下來。

34 啞鈴飛鳥　對象：一般人

主 胸大肌　**協** 三角肌前束、肱二頭肌　　　　　啞鈴

預備 ❶ 仰躺在臥推椅上，將啞鈴從胸側舉至上方，伸展手臂。❷ 雙腳與肩同寬，腳尖稍微向外側打開，固定在膝蓋的正下方。❸ 臀部與後腦勺貼在椅面上，挺胸拱起上半身。❹ 握距與肩同寬或略窄於肩寬，手背朝向外側（從側面看，握把、手腕、手肘、肩膀呈一直線）。❺ 整個腳底板踩在地面上，目視啞鈴。**重** 挺起胸腔。**注** 握把不要偏離肩膀的正上方。

吸氣 2 秒 ⇄ 吐氣 1~2 秒

開始 ❻ 稍微彎曲手肘，像畫圓弧一樣朝著胸部正側面下放啞鈴（肘尖保持在正下方，下放到最低時，啞鈴的位置在胸部正側面的方向。從側面看，啞鈴會下放到接近脖子的高度）。❼ 一邊伸展手臂，一邊保持平衡向上舉。**重** 挺胸。**注** 從側面看時，手肘不要偏離握把的正下方。啞鈴如果下放到肩膀的正側面方向，會增加肩膀的負擔。

35 仰臥拉舉 對象：一般人
主 胸大肌　協 闊背肌、肱三頭肌　　　　　　　　　啞鈴

預備 ❶ 橫向仰躺在健身椅上，肩膀挪動到椅子的中央。❷ 舉起啞鈴，雙手交握支撐槓片的內側，伸直手臂。❸ 將啞鈴舉到肩膀的正上方後，手臂稍微朝頭的方向傾斜。❹ 臀部向下坐，整個腳底板踩在地板上，目視啞鈴。重 挺胸。注 注意平衡。

吸氣 2 秒 ➡
⬅ 吐氣 1 秒

開始 ❺ 保持挺胸的姿勢，稍微彎曲手肘，同時像畫圓弧一樣下放啞鈴（下放啞鈴時，臀部也同時向下）。❻ 啞鈴下放到上臂約呈水平的位置（手肘保持微彎，手臂開始用力）。❼ 一邊維持平衡，一邊向上舉。重 用肩膀支撐，並靠臀部與啞鈴取得平衡。注 手臂的力量不要放掉、到底時手肘不要完全伸直。

36 啞鈴划船 對象：國中生以上
主 闊背肌　協 豎脊肌、肱二頭肌、三角肌後束　　　啞鈴

預備 ❶ 雙腳略窄於肩寬，腳尖只稍微向外打開一點點。❷ 拿起啞鈴半彎著腰，背肌（軀幹）打直，彎曲膝蓋。❸ 啞鈴拿在腳踝的外側，用整個腳底板取得平衡（上半身保持水平或頭部稍高，肩胛骨向外側打開），抬頭直視前方。重 身體要維持一直線。注 啞鈴不要遠離腳踝。

吸氣 3 秒 ➡
⬅ 吐氣 3 秒

開始 ❹ 保持背肌挺直，沿著腿的側面拉起啞鈴（手肘向後拉的動作）。❺ 把啞鈴拉近側腹（手肘彎曲呈約 90 度，前臂保持筆直）。❻ 一邊控制，一邊回到原本的姿勢。重 活動肩胛骨。注 不要駝背、上半身不要抬得太高。

37 單手划船 對象：一般人
主 闊背肌　協 肱二頭肌、三角肌後束　　　　　　　　　　啞鈴

預備 ❶ 把左手及左膝放在健身椅的邊緣，右腳則踩在地上，右手握著啞鈴以伸展手臂。❷ 右腳稍微彎曲膝蓋，將啞鈴舉在離地 10 公分左右的位置（上半身保持水平或頭部稍高，肩胛骨向外側打開），握著啞鈴的手臂呈筆直方向）。❸ 背肌（軀幹）打直，抬起頭來，眼睛往前注視著斜下方。重 軀幹固定為一直線。注 不要失去平衡。

吸氣 1 秒 ➡
⬅ 吐氣 2 秒

開始 ❹ 保持背肌挺直的狀態，彎曲手肘，將啞鈴往側腹的方向拉起（手肘向後拉的動作），手肘彎曲呈 90 度左右，前臂保持筆直。❺ 用健身椅上的手、膝蓋以及踩在地上的腳底板取得平衡。❻ 一邊控制力道，一邊回到原本的姿勢。重 大幅度地活動肩胛骨。注 上半身不要過度扭轉、不要駝背、手肘不要偏離握把的正上方。

38 站姿啞鈴肩推 對象：小學高年級、國中生以上
主 三角肌　協 斜方肌、肱三頭肌　　　　　　　　　　啞鈴

預備 ❶ 直立站好，雙手緊握啞鈴，置於肩膀前方或側面（握把、手腕、手肘為筆直方向）。❷ 雙腳略窄於肩寬，腳尖稍微向外打開，用整個腳底板維持平衡，目視前方。重 用整個腳底板維持平衡。注 上半身不要過度向後凹、手腕不要過度向外側彎曲。

吐氣 3 秒 ➡
⬅ 吸氣 3 秒

開始 ❸ 一邊伸展手肘，一邊將啞鈴往上推到頭上（前臂保持一直線）。❹ 伸展手肘，支撐啞鈴（手臂、軀幹、腿呈一直線的狀態，與從握把往下畫的重心線重疊，位在腳底板的足弓中心點）。❺ 一邊維持平衡，一邊下放啞鈴。重 大幅度地動作。注 手腕與手肘不要偏離握把的正下方、注意平衡。

39 側平舉　對象：高中生以上

主 三角肌中束　**協** 斜方肌　　　　　　　　　啞鈴

預備 ❶ 握著啞鈴直立站好，伸直手臂貼著體側。❷ 雙腳略窄於肩寬，腳尖稍微向外打開，挺直背肌，固定軀幹。❸ 用整個腳底板維持平衡，目視前方。**重** 固定軀幹。**注** 不要聳肩。

吸氣 1 秒 ➡
⬅ 吐氣 2 秒

開始 ❹ 稍微彎曲手肘，同時向側面舉起手肘（舉起後的啞鈴會在身體稍前方的位置）。❺ 啞鈴要確實舉起至肩膀的高度（從正面看，啞鈴、手腕、手肘、肩膀為一直線且接近水平）。❻ 一邊忍耐，一邊回到原位。**重** 一邊稍微彎曲手肘，一邊從手肘開始向上舉。**注** 手肘不要垂下來、上半身不要過度向後凹。

40 啞鈴直立划船　對象：高齡者

主 斜方肌、三角肌中束　**協** 前鋸肌、肱二頭肌　　啞鈴

預備 ❶ 握著啞鈴直立站好，伸直手臂，貼在大腿前側。❷ 雙腳略窄於肩寬，腳尖稍微向外打開，挺直背肌，固定軀幹。❸ 用整個腳底板維持平衡，目視前方。**重** 用整個腳底板的力量來維持平衡。**注** 腰不要過度用力。

吸氣 3 秒 ➡
⬅ 吐氣 3 秒

開始 ❹ 沿著身體前側拉高啞鈴，手肘要張開，拉到脖子根部（手肘保持在啞鈴的上方）。❺ 一邊忍耐，一邊回到原位。**重** 手肘要張開。**注** 手肘不要放太低、啞鈴不要遠離身體前側。

41　啞鈴彎舉　對象：小學高年級生以上
主 肱二頭肌　協 肱肌、肱橈肌　　　　　　　　　　　　　啞鈴

預備 ❶ 握著啞鈴直立站好，手臂伸直，貼在身體兩側。❷ 雙腳略窄於肩寬，腳尖稍微向外打開。❸ 挺直背肌，固定軀幹。❹ 用整個腳底板維持平衡，目視前方。重 固定軀幹。注 不要聳肩。

吸氣 3 秒 ➡
⬅ 吐氣 3 秒

開始 ❺ 將位於體側的啞鈴向外轉（旋後），朝向正面。❻ 前臂的外側與手背呈一直線，固定手腕。❼ 彎曲手肘，稍微往前舉起啞鈴（手腕保持一直線），並舉到肩膀的高度（鎖骨前方）。❽ 一邊忍耐，一邊回到原位，把啞鈴轉向內側（旋前）收起。重 大幅度地上下運動。注 手腕不要過度向外或向內彎曲、注意手肘與肩膀的動作不要太大。

42　集中彎舉　對象：一般人
主 肱肌、肱橈肌　協 肱二頭肌　　　　　　　　　　　　　啞鈴

預備 ❶ 拿起 1 個啞鈴，雙腳大幅打開，坐在健身椅上。❷ 將肱三頭肌下段貼在大腿內側，稍微彎曲手肘，伸展手臂。❸ 扭轉向啞鈴那一側的背肌打直，前臂外側與手背呈一直線，固定手腕。❹ 整個腳底板踩在地板上，越過肩膀目視啞鈴（從頭、肩膀、手肘、手腕到握把，呈斜向的一直線）。重 尤其要意識到啞鈴那一側的整個腳底板踩在地上，並固定軀幹。注 肩膀不要超出到手肘的前方。

吸氣 1 秒 ➡
⬅ 吐氣 2 秒

開始 ❺ 固定手腕，一邊維持平衡，一邊彎曲手肘；❻ 將啞鈴舉到肩膀的前方，再一邊忍耐，一邊下放。重 大幅度地上下運動。注 手腕不要朝外側彎曲（背屈）、不要聳起肩膀。

43 站姿啞鈴三頭肌推舉　對象：高齡者

主 肱三頭肌　**協** 肘肌　　　　　　　　　　　　　　　　　啞鈴

預備 ❶ 雙手握著 1 個啞鈴的外側，並直立站好，手臂向上伸直呈萬歲姿勢。❷ 雙腳略窄於肩寬，腳尖稍微朝外打開。❸ 挺直背肌，固定軀幹，全身保持筆直。❹ 用整個腳底板的力量維持平衡，目視前方。**重** 固定軀幹。**注** 啞鈴不要偏離頭的上方。

吸氣 3 秒 ➡
⬅ 吐氣 3 秒

開始 ❺ 手臂慢慢往後彎曲，像畫圓弧一樣，下放到肩膀的後側。❻ 一邊維持平衡，一邊舉高，回到頭頂上。**重** 肘尖保持在筆直方向上。**注** 兩邊手肘不要打太開、上半身不要過度向後凹。

44 仰臥啞鈴三頭肌推舉　對象：高齡者

主 肱三頭肌　**協** 闊背肌、胸大肌、肘肌　　　　　　　　　啞鈴

預備 ❶ 拿起啞鈴，仰躺在健身椅上，手臂向上伸直。❷ 頭部超出健身椅外，提起下顎，腳尖稍微朝外側打開，臀部要貼於健身椅上。❸ 手上的啞鈴要略窄於肩寬，手腕保持固定，手臂呈筆直方向或稍微朝頭的方向傾斜，目視啞鈴（若朝頭的方向傾斜，則預備位置在眼睛的正上方）。**重** 挺胸。**注** 左右手的啞鈴不要分太開。

吸氣 3 秒 ➡
⬅ 吐氣 3 秒

開始 ❹ 像畫圓弧一樣彎曲手肘，使啞鈴快接觸到耳朵為止，此時肘尖要朝向正上方（過程中手腕保持固定，挺起胸腔）。❺ 伸展手肘，使啞鈴回到原位。**重** 肘尖要朝向正上方（天花板）。**注** 手肘不要打太開或過度內夾、手腕不要過度向外拗折。

45 史密斯機深蹲　對象：一般人

主 股四頭肌、膕旁肌、臀大肌　**協** 內收肌群、豎脊肌、小腿後側肌　機械

預備 ❶ 手握在肩膀 1 個拳頭外的位置（肩寬的 1.6 倍）。❷ 用斜方肌最厚的地方撐起槓，讓槓從架上移開。❸ 雙腳的腳跟與肩同寬，腳尖稍微向外側打開，挺直背肌並直視前方（足弓的中心點位在槓的正下方）。**重** 用腳底板維持平衡。**注** 腰不要過度向前。

吸氣 2 秒 ➡
⬅ 吐氣 1 秒

開始 ❹ 依序彎曲髖關節、膝蓋、腳踝（即坐椅子的動作）。❺ 一邊用腳底板維持平衡，一邊深蹲（全深蹲或平行蹲），膝蓋會在腳尖的正上方（小腿與背部平行）。❻ 保持平衡，一邊伸展髖關節，一邊站起來。**重** 確實深蹲下去（全深蹲或平行蹲）。**注** 不要駝背、膝蓋不要內夾。

46 舉腿機抬腿（45 度）　對象：一般人

主 股四頭肌、膕旁肌、臀大肌　**協** 內收肌群、小腿後側肌　機械

預備 ❶ 身體靠在椅背上，彎曲膝蓋，整個腳底板踩在踏板上；❷ 雙腳與肩同寬，腳尖稍微向外側打開；❸ 握住握把，一邊伸展膝蓋，一邊轉開安全桿；❹ 挺起胸膛，軀幹用力，並目視雙腳。**重** 整個背部緊貼椅背。**注** 腰不要離椅背太遠。

吸氣 2 秒 ➡
⬅ 吐氣 1 秒

腳的位置

開始 ❺ 保持挺胸與軀幹用力的姿勢，一邊彎曲膝蓋，一邊往下放。❻ 膝蓋朝著胸部側面，一邊忍耐，一邊彎曲。❼ 完全彎曲膝蓋以後，再往上推蹬。**重** 要深深地下放。**注** 膝蓋不要過度內夾或打太開、不要彎腰。

47 腿部彎舉　對象：一般人

主 膕旁肌　**協** 腓腸肌　　　　　　　　　　　　　　　　　　機械

預備 ❶ 趴在健身椅上，腳踝後側抵在腿墊下。❷ 握住握把，雙腳與腰同寬，固定上半身（腳踝自然彎曲）。❸ 抬起頭來，自然地向前看。**重** 固定軀幹。**注** 膝蓋不要放太前面，也不要放太後面。

吐氣 1 秒➡
⬅吸氣 2 秒

開始 ❹ 軀幹用力並固定好後，彎曲膝蓋，舉起腿墊，要確實地將膝蓋彎到底。❺ 一邊忍耐，一邊讓腿回到原位。**重** 大幅度地上下運動。**注** 不要放掉軀幹的力量、不要突然用力回到原位。

48 腿部伸屈　對象：一般人

主 股四頭肌　**協** 腰大肌　　　　　　　　　　　　　　　　　　機械

預備 ❶ 坐在健身椅上，握住握把，將腳踝前側貼在腿墊下。❷ 雙腳與腰同寬，膝蓋彎曲至 90 度以下（腳踝自然彎曲）。❸ 整個背部緊貼椅背，伸直背肌，軀幹用力。❹ 挺起胸膛，目視前方或大腿。**重** 軀幹保持固定。**注** 膝蓋不要超出太多。

吐氣 1 秒➡
⬅吸氣 2 秒

開始 ❺ 固定軀幹並保持用力的姿勢，腿部向上抬起。❻ 臀部與膕旁肌要緊貼在坐墊上，將膝蓋伸到最直。❼ 一邊忍耐，一邊回到原位。**重** 大幅度地上下運動。**注** 不要放掉軀幹的力量、不要彎腰。

49 提踵　對象：一般人
主 腓腸肌、比目魚肌　**協** 腓骨肌群　　　　　　　　　　　　　　　機械

預備 ❶ 肩膀放在肩墊下，腳趾踩在踏板上。❷ 固定背肌，雙腳距離較窄，全身挺直。❸ 放低腳跟，膝蓋稍微彎曲一點點，並伸展小腿，自然地看向前方。**重** 大大地伸展小腿。**注** 姿勢不要垮掉、膝蓋不要過度彎曲。

吐氣 1 秒 ➡
⬅ 吸氣 2 秒

開始 ❹ 固定軀幹，保持全身挺直的姿勢，腳跟上提（用拇趾球穩穩地支撐）。❺ 一邊忍耐，一邊放下身體。**重** 大幅度地上下運動。**注** 腳踝不要向外側（小趾側）彎曲、腰不要太後退、膝蓋不要過度彎曲。

50 機械式臥推（胸推）　對象：一般人
主 胸大肌　**協** 肱三頭肌、三角肌前束　　　　　　　　　　　　　　機械

預備 ❶ 躺在健身椅上，把握把拉到胸部最高點的正側面。❷ 手握在距離肩膀 1 個拳頭外的地方（肩寬的 1.6 倍），適度打開雙腳，腳尖則位於膝蓋正下方。❸ 臀部與後腦勺貼在椅墊上，拱起上半身，挺胸收緊肩胛骨（握把、手腕、手肘呈一直線方向）。❹ 整個腳底板踩在地上，目視上方。**重** 用肩胛骨（背部）的上半部支撐身體。**注** 握把的位置不要偏離胸部最高點的正側面。

吐氣 1 秒 ➡
⬅ 吸氣 2 秒

開始 ❺ 保持上半身拱起並挺胸收緊肩胛骨的姿勢，雙手用力往上推。❻ 推到底以後下放，手腕與手肘全程保持在握把的正下方（拉弓的姿勢）。**重** 保持挺胸的姿勢。**注** 手肘不要偏離握把的正下方。

51 蝴蝶機　對象：一般人

主 胸大肌　**協** 肱二頭肌、三角肌前束　　　　　　　　　機械

預備 ❶ 坐在椅墊上,背部緊貼椅背,背肌伸直。❷ 適度打開雙腳,腳尖稍微向外打開。❸ 握住握把,前臂外側與手背呈一直線,在胸部前方合起來。❹ 伸展雙臂,手肘微彎,握把位在胸部的正面(從側面看時,握把、手肘、肩膀呈手臂下斜的一直線)。❺ 挺胸,收緊肩胛骨,整個腳底板踩在地板上,目視前方。重 固定軀幹,挺起胸膛。注 肘尖不要朝下。

吸氣 2 秒 ➡
⬅ 吐氣 1 秒

開始 ❻ 保持挺胸、手肘微彎的姿勢,向外側打開握把(肘尖往正後方拉)。❼ 從側面看,大約打開到胸大肌與三角肌前束的交界處為止。❽ 一邊維持左右平衡,再將握把往內側闔起來。重 挺起胸膛,大幅度地開闔運動。注 肘尖不要朝下、手腕不要過度向內或向外彎曲。

52 滑輪下拉　對象：國中生以上

主 闊背肌　**協** 肱二頭肌、三角肌後束　　　　　　　　　機械

預備 ❶ 雙手握在肩膀 1 個手掌外(1.6 倍)位置。❷ 坐在椅墊上,適度打開雙腳,腳尖稍微向外打開。❸ 大腿固定在腿墊下,伸展手臂(小指那側握得深一點,比較容易打開闊背肌,下拉槓時比較容易收縮)。❹ 背肌挺直,目視著槓。重 打開肩胛骨(上旋、外展)。注 不要聳肩。

吸氣 1 秒 ➡
※ 若重視力量的發揮,
則將呼吸順序對調。
⬅ 吐氣 2 秒

開始 ❺ 挺起胸膛,上半身稍微向後倒,將槓朝著上胸的方向往下拉(拱起上半身,纜繩、槓、手腕、手肘的連線為直線)。❻ 收緊肩胛骨,把槓拉到底(肩膀往下、手肘往下的姿勢)。❼ 一邊維持平衡,一邊回到原位。重 轉動肩胛骨,大幅度地運動(下旋、內收)。注 不要聳肩,只靠手臂下拉。手肘不要偏離纜繩、槓、手腕的直線。

53 滑輪坐姿划船 對象：一般人

主 闊背肌　協 豎脊肌、肱二頭肌、斜方肌、三角肌後束　機械

預備 ❶ 坐在椅墊上，腳放在前面踏板上，稍微彎曲膝蓋，握住握把，伸展手臂（小指那一側握得深一點，闊背肌比較容易打開）。❷ 背肌挺直，向前方傾斜約60度，伸展闊背肌。❸ 整個腳底板貼在踏板上，目視前方。重 軀幹固定挺直。注 不要聳肩、不要駝背。

吸氣 1 秒 ➡
⬅ 吐氣 2 秒

開始 ❹ 挺起胸膛，將手肘向後拉（纜繩、手腕、手肘幾乎呈一直線）。❺ 收緊肩胛骨，向後拉到手幾乎快碰到腹部為止（小指那一側握得深一點，闊背肌比較容易收縮）。❻ 一邊控制，一邊回到原位。重 大幅度地活動肩胛骨（外展、內收）。注 不要駝背、膝蓋不要完全伸直、上半身不要過度向後倒。

54 坐姿划船 對象：一般人

主 闊背肌　協 斜方肌、肱二頭肌、三角肌後束　機械

預備 ❶ 調整坐墊的高度與胸墊，再坐在坐墊上，把腳放在腳踏桿上。❷ 伸展手臂，握住前面的握把。❸ 將胸部靠在胸墊上，以伸展闊背肌。❹ 軀幹用力，目視前方。重 先伸展闊背肌。注 不要聳肩。

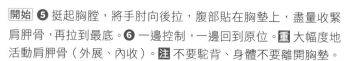

吸氣 1 秒 ➡
⬅ 吐氣 2 秒

開始 ❺ 挺起胸膛，將手肘向後拉，腹部貼在胸墊上，盡量收緊肩胛骨，再拉到最底。❻ 一邊控制，一邊回到原位。重 大幅度地活動肩胛骨（外展、內收）。注 不要駝背、身體不要離開胸墊。

參考文獻

· 荒川裕志《健身新手重訓攻略：槓片啞鈴 × 阻力帶 × 健身器材，新手必學的五大重訓，教你正確施力、精準增肌》日本文藝社（2018）
· 池谷裕二《增強記憶力 —— 最新腦科學探討記憶的運作機制與鍛鍊法》講談社 Bluebacks（2001，暫譯）
· 池谷裕二《東大教授告訴你，Science 也不知道大腦的 26 個怪癖：理解大腦運作，人生變得輕鬆又有趣》扶桑社（2013）
· 石井直方《阻力訓練 —— 從生理學與功能解剖學到訓練處方》Book House HD（1999，暫譯）
· 石井直方《大家的阻力訓練 —— 安全又有效地進行肌力訓練的知識與「部位別菜單」》山海堂（2000，暫譯）
· 石井直方《鍛鍊肌肉 —— 做肌力訓練，身體會有什麼改變呢？》山海堂（2001，暫譯）
· 石井直方《終極訓練 —— 最新運動生理學與有效率的健身》講談社（2007，暫譯）
· 石井直方《訓練方法》棒球雜誌社（2009a，暫譯）
· 石井直方《肌肉學入門 —— 人為什麼需要訓練？》講談社（2009b，暫譯）
· 石井直方《鍛鍊肌肉 —— 人在訓練之後會變成什麼樣子？》講談社（2009c，暫譯）
· 石井直方《徹底開發兒童能力的肌力訓練》每日通訊（2010，暫譯）
· 石井直方《肌肉革命 —— 享受人生的健身法》講談社（2011a，暫譯）
· 石井直方《一輩子不會胖的健身法＆慢速訓練新裝版》X-Knowledge（2011b）
· 石井直方監修《名模隨時都在偷練的究極燃脂操》成美堂出版（2012）
· 石井直方《石井直方的訓練祕訣》棒球雜誌社（2013，暫譯）
· 石井直方《石井直方的肌肉科學》棒球雜誌社（2015，暫譯）
· 石井直方總監修／NHK 出版編著《提升肌力更健康 —— 現在開始也不遲！打造「動感身體」》NHK 出版（2016，暫譯）
· 石井直方、岡田隆《5 個訣竅改造身體！肌力訓練法》高橋書店（2011，暫譯）
· 石井直方、谷本道哉《慢速訓練》高橋書店（2004，暫譯）
· 石井直方、谷本道哉監修《慢速＆快速訓練 —— 減少體脂肪、打造肌肉 決定版》MC PRESS（2008，暫譯）
· 石井直方、谷本道哉《1 天 5 分鐘慢速＆快速 燃燒體脂肪的最強訓練》高橋書店（2017，暫譯）
· 岡田隆、竹並惠里監修《打造肌肉的飲食與營養 完美事典》棗社（2018，暫譯）
· 川初清典〈腿部肌肉的力量、速度、爆發力的年齡別推移〉《體育學研究》19 卷、4-5 號、pp.201-206（1974，暫譯）

- 左明、山口典孝著／石井直方監修《彩色圖解 肌肉的結構與運作事典》西東社（2009，暫譯）
- 谷本道哉《我想知道訓練的真相！——破解話題熱議的「最新訓練法」！》棒球雜誌社（2007，暫譯）
- 谷本道哉《肌肉的打造、使用與照顧——健身自由自在！》棒球雜誌社（2006，暫譯）
- 谷本道哉著／石井直方監修《運動更上手！！身體的使用方式與鍛鍊方式》Mynavi（2012，暫譯）
- 谷本道哉著／石井直方監修《有用的肌肉與無用的肌肉 理論篇——肌力訓練鍛鍊出來的肌肉真的「沒有用」嗎？》棒球雜誌社（2008，暫譯）
- 谷本道哉、岡田隆、荒川裕志《基礎伸展運動》棒球雜誌社（2009）
- 長崎運動營養研究會〈透過伸展運動提高柔軟度的原理〉《運動科學 NAGASAKI》、Vol.25、長崎縣教育委員會（2018，暫譯）
- 久野譜也《做肌力訓練的人在 10 年後、20 年後也不會老的 46 個理由》每日新聞出版（2015，暫譯）
- 森清光著／宮畑豐監修《「銀髮元氣塾」2 萬人——成功的紀錄與祕訣》日本醫療企劃（2006，暫譯）
- 吉田進《健力入門》體育與運動出版社（2010，暫譯）

- BuchmanA.S.et al.,Total daily physical activity and the risk of AD and cognitive decline in older adults., *Neurology*. Vol.78,1323-1329（2012）.
- Ishii,N.et al.,Roles played by prote in metabolism and myogenic progenitor cells in exercise-induced muscle hypertrophy and their relation to resistance training regimens. *J. Phys. Fitness* Sports Med.,Vol.1,83-94（2012）.
- IsraelS.,Age-related changes in strength and special groups. *Strength and Power in Sport*（Komi,P.V.ed.）319-328,Oxford（1992）.
- LarsonE.B.etal.,Exercise is associated with reduced risk for incident dementia among persons 65 years of age and older., *Ann. Intern. Med.* Vol.144,73-81（2006）.
- Netter,F.H.,Musculoskeletal System, *The Ciba Collection of Medical illustrations.* Vol.8（1987）

作者介紹

石井直方（Ishii Naokata）

1955 年出生。現為東京大學名譽教授、東京大學社會合作講座特任研究員、理學博士。畢業於東京大學理學院，並修畢博士課程。1999～2020 年，任職東京大學研究所綜合文化研究科教授。

多年來專攻運動生理學、訓練科學，同時也是戰績輝煌的競技選手，曾於 1981 年獲得日本全國健美錦標賽冠軍、世界健美錦標賽季軍，1982 年獲得亞洲先生冠軍，2001 年獲得全日本社會人士大師賽冠軍等殊榮。

在以「運動及肌肉間關係」為主的健康抗老領域中，以淺顯易懂的解說而深獲好評。後以多年研究為本，提倡少量運動亦可獲得碩大效果的「慢速訓練」，因效果顯著，被許多運動選手採用。著有《訓練之前，先看這本書》、《肌肉學入門》、《慢速訓練完全版》（共筆）、《石井直方的肌肉詳解大事典》等多本書籍（皆為暫譯）。

柏口新二（Kashiwaguchi Shinji）

1955 年出生。現為日本國立醫院機構德島醫院骨科醫師、醫學博士。畢業於德島大學醫學院醫學系，曾任德島大學醫學院骨科講師、國立療養所德島醫院醫師、東京厚生年金醫院骨科部長、JCHO 東京新宿醫療中心（前厚生年金醫院）醫師等職位。

從就讀醫學院時期開始，便學習空手道與肌力訓練，之後轉入健力領域，師從中尾達文教練、宮畑豐會長，目前仍持續訓練中，兼專攻運動外傷及障礙等領域。著有《兒童的身體很危險！運動器官障礙》（共筆）、《棒球肘健檢指南》（共同編著）、《手肘實踐講座：深入了解棒球肘剝脫性骨軟骨炎》（共筆）等多本書籍（皆為暫譯）。

高西文利（Takanishi Fumitoshi）

1955 年出生。現為 MARUYA 健身房經營者、福岡軟銀鷹隊體適能教練。畢業於法政大學，曾獲得 1991～1996 年日本全國健美錦標賽中量級冠軍、亞洲健美錦標賽中量級冠軍、1993 年世界運動會第 6 名（日本史上首位）。

曾任長崎縣運動協會運動醫科學委員、長崎縣健美聯盟會長、長崎縣健力協會理事、日本健美聯盟 1 級審查員暨指導員。而後擔任三菱重工長崎硬式棒球社、福岡軟銀鷹隊（2010 年開始）等球隊的肌力訓練教練。

著有《有用的肌肉與無用的肌肉：寫給運動員的肌力訓練指南》（共筆）、《兒童期的運動外傷障礙與阻力訓練 Q&A》（共筆）、《兒童選手也該知道的禁藥防制 Q&A》（共筆）、《兒童選手也該知道的運動營養學 Q&A》（共筆）等書（皆為暫譯）。

健康力

強化肌力訓練全書：東大肌力學教授、骨科醫師及福岡軟銀鷹
教練，寫給訓練者的科學化鍛鍊指南

2023年7月初版　　　　　　　　　　　　　　　　　　　定價：新臺幣380元
有著作權・翻印必究
Printed in Taiwan.

著　　者	石	井	直	方	
	柏	口	新	二	
	高	西	文	利	
譯　　者	劉	格	安		
審 訂 者	王	啟	安		
叢書主編	陳	永	芬		
校　　對	陳	佩	伶		
內文排版	葉	若	蒂		
封面設計	張	天	薪		

出　版　者　聯經出版事業股份有限公司　　副總編輯　陳　逸　華
地　　　址　新北市汐止區大同路一段369號1樓　總編輯　涂　豐　恩
叢書主編電話　(02)86925588轉5306　　　總經理　陳　芝　宇
台北聯經書房　台北市新生南路三段94號　　社　長　羅　國　俊
電　　　話　(02)23620308　　　　　　　發行人　林　載　爵
郵政劃撥帳戶第0100559-3號
郵撥電話　(02)23620308
印　刷　者　文聯彩色製版印刷有限公司
總　經　銷　聯合發行股份有限公司
發　行　所　新北市新店區寶橋路235巷6弄6號2樓
電　　　話　(02)29178022

行政院新聞局出版事業登記證局版臺業字第0130號

本書如有缺頁，破損，倒裝請寄回台北聯經書房更換。　　ISBN　978-957-08-6977-4 (平裝)
聯經網址：www.linkingbooks.com.tw
電子信箱：linking@udngroup.com

國家圖書館出版品預行編目資料

強化肌力訓練全書：東大肌力學教授、骨科醫師及福岡軟銀鷹
教練，寫給訓練者的科學化鍛鍊指南/石井直方、柏口新二、高西文利著.
劉格安譯. 初版. 新北市. 聯經. 2023年7月. 228面. 17×23公分（健康力）
ISBN　978-957-08-6977-4（平裝）

1.CST：肌肉　2.CST：運動訓練　3.CST：體能訓練

528.923　　　　　　　　　　　　　　　　　112009234